城市道路交叉口
复杂度模型及通行效率优化方法

沈家军 著

中国建筑工业出版社

图书在版编目(CIP)数据

城市道路交叉口复杂度模型及通行效率优化方法/沈家军著.
北京：中国建筑工业出版社，2019.8
ISBN 978-7-112-23891-0

Ⅰ.①城… Ⅱ.①沈… Ⅲ.①城市道路-交叉路口-交通通过能力-研究 Ⅳ.①U412.35

中国版本图书馆 CIP 数据核字(2019)第 129154 号

责任编辑：李玲洁
责任校对：张　颖

城市道路交叉口复杂度模型及通行效率优化方法
沈家军　著

*

中国建筑工业出版社出版、发行(北京海淀三里河路 9 号)
各地新华书店、建筑书店经销
北京科地亚盟排版公司制版
天津安泰印刷有限公司印刷

*

开本：787×1092 毫米　1/16　印张：9¾　字数：215 千字
2019 年 8 月第一版　2019 年 8 月第一次印刷
定价：45.00 元
ISBN 978-7-112-23891-0
(34204)

版权所有　翻印必究
如有印装质量问题，可寄本社退换
(邮政编码 100037)

前　言

　　随着城镇化和机动化的高速发展，我国大中城市普遍出现了严重的交通拥堵，并引发了诸如交通事故、能源消耗、环境污染等一系列问题。党的十九大报告明确提出建设交通强国的伟大目标，这就需要我们全面建成更安全、更便捷、更高效、更绿色、更智慧、更经济、更可持续、更具竞争力的现代综合交通运输体系。城市道路系统是交通运输系统重要的组成部分，其运行状况在很大程度上直接影响了综合交通运输体系的整体功能。

　　而交叉口作为城市道路的重要节点，其汇集了行人、非机动车、公交车和社会机动车等不同方式、不同特性、不同方向且相互冲突的混合交通流。但因缺乏集交通组织、空间布局、安全保障和信号控制为一体的交叉口综合优化设计，无法对混合交通流进行合理有效的组织、分流、引导及控制，导致交叉口效率低下、事故频发，成为瓶颈中的瓶颈。研究显示：车辆通过平面信号交叉口的通行能力只相当于路段上的40%~50%，平面交叉口所消耗的时间约占全程时间的31%，而车辆行驶延误中有80%~90%由平面交叉口所造成。更有资料表明：美国平面交叉口事故数占总事故的36%左右，德国农村的交通事故36%发生在平交路口，城市道路交通事故60%~80%发生在平交路口，日本对死亡事故发生地点进行统计表明，发生在交叉路口及其附近的事故数占总事故的42.2%。更为严重的是，发生在交叉口的局部问题（比如拥堵和事故）能借助网络的开放性，以非线性模式朝周围迅速扩散和积累，若处理不当往往造成路网和交通系统功能的大范围长时间受损甚至完全瘫痪。由此可见，平面交叉口虽是道路交通网的重要枢纽点，也是交通事故的多发点。交叉口是城市综合交通系统"矛盾的集中地、问题的发生源"，交叉口综合优化设计是提升城市路网乃至整个综合交通系统功能的关键。

　　交叉口综合设计"应该做"早无异议，但"如何做"却各有千秋。不得其法、适得其反者也为数不少：小至信号周期、绿时分配、相位设置等信号控制关键参数与交叉口各进口交通流的流量、流向不协调，造成各进口、各车道间的交通负荷严重不均，影响通行效率；大至城市交通建设盲目推崇"宽马路、大路口""高技术、多相位"，交叉口的空间布局和运行组织相当复杂，但对通行效率和安全度的提高却相当有限甚至有害。对于此类问题，究其根本原因在于：目前尚未完整建立适合我国城市社会发展和城市交通环境的交叉口综合设计技术体系，进而尚未形成能为城市交通决策者、设计者和管理者所普遍接受并掌握使用的交叉口综合设计技术指南与技术工具。

根据系统论，在一定范围内随着系统结构复杂性的增加，系统功能稳定性增强，但超过一定临界点时，系统结构复杂性增加会导致系统功能稳定性降低。因此，作为微观系统，交叉口的空间布局和运行组织并非越复杂越好，这一点在以往没有引起足够重视。

本书试图从系统结构复杂度和功能稳定性之间的关系出发，本着"化繁为简"的新思路，主要从城市道路交叉口复杂度内涵、城市道路交叉口冲突点、城市道路交叉口冲突概率、城市道路交叉口复杂度计量模型及其应用以及城市道路交叉口通行效率及与复杂度关系模型5方面进行研究和论述，提出"交叉口复杂度"、"通行效率"的概念及数学模型，分析交叉口复杂度与通行效率之间的关系，为建立适合我国城市社会发展和城市交通环境的交叉口综合设计技术体系，进而形成一套适合我国混合交通流特点的交叉口综合设计技术指南与技术工具奠定坚实的理论基础。

目 录

1 绪论 … 1

1.1 研究概述 … 1
    1.1.1 交叉口复杂度 … 1
    1.1.2 交叉口混合交通流 … 3
    1.1.3 交通冲突 … 4
    1.1.4 通行效率 … 6
1.2 研究内容 … 7
1.3 章节安排 … 8

2 城市道路交叉口复杂度内涵 … 9

2.1 交叉口"复杂"现象的机理分析 … 9
2.2 交叉口交通冲突与其他指标的关系分析 … 9
    2.2.1 交通冲突与通行能力的关系 … 10
    2.2.2 交通冲突与安全性的关系 … 11
    2.2.3 交通冲突与延误的关系 … 12
    2.2.4 交通冲突与能源消耗的关系 … 12
2.3 交叉口复杂度概念及内涵 … 13
2.4 复杂度研究的可行性分析 … 13
2.5 交叉口复杂度的研究方法 … 14
2.6 交通调查方案设计 … 14
    2.6.1 调查数据特点 … 14
    2.6.2 调查内容 … 15
    2.6.3 交叉口选择原则 … 15

  2.6.4 调查方法 ………………………………………………… 15
  2.6.5 调查方案 ………………………………………………… 15
 2.7 数据析取方法 ………………………………………………… 17
  2.7.1 流量类 …………………………………………………… 17
  2.7.2 时间类 …………………………………………………… 18
  2.7.3 密度类 …………………………………………………… 18
  2.7.4 速度类 …………………………………………………… 19

3 城市道路交叉口冲突点 …………………………………………… 20

 3.1 交叉口相交道路条数及进口车道数与冲突点的关系 ………… 20
  3.1.1 交叉口相交道路条数与冲突点的关系 ………………… 20
  3.1.2 交叉口进口道车道数与冲突点的关系 ………………… 22
 3.2 交叉口信号控制与冲突点的关系 …………………………… 25
  3.2.1 两相位控制下交通冲突点 ……………………………… 26
  3.2.2 四相位控制下交通冲突点 ……………………………… 29
 3.3 机动车与非机动车冲突区域 ………………………………… 33
  3.3.1 非机动车在交叉口的行驶特性 ………………………… 33
  3.3.2 机动车与非机动车理论冲突点 ………………………… 34
  3.3.3 机动车与非机动车冲突区域 …………………………… 35
 3.4 机动车与行人冲突区域 ……………………………………… 39
  3.4.1 机动车与行人理论冲突点 ……………………………… 39
  3.4.2 机动车与行人冲突区域 ………………………………… 39

4 城市道路交叉口冲突概率 ………………………………………… 41

 4.1 机动车与机动车冲突概率 …………………………………… 41
  4.1.1 机动车与机动车冲突条件 ……………………………… 41
  4.1.2 临界间隙 ………………………………………………… 42
 4.2 机动车与机动车冲突概率实例 ……………………………… 43
  4.2.1 机动车到达冲突点规律 ………………………………… 43
  4.2.2 临界间隙 ………………………………………………… 46

4.2.3　停车线至冲突点行驶时间 ………………………………………… 47
　　　4.2.4　冲突概率 …………………………………………………………… 48
　4.3　机动车与非机动车冲突概率 …………………………………………… 50
　　　4.3.1　机动车与非机动车冲突条件 ……………………………………… 50
　　　4.3.2　非机动车占用冲突区时间 ………………………………………… 50
　　　4.3.3　冲突区占用时间与临界间隙的比较 ……………………………… 52
　　　4.3.4　非机动车不同排列构型冲突概率 ………………………………… 52
　4.4　机动车与非机动车冲突概率实例 ……………………………………… 53
　　　4.4.1　非机动车占用冲突区时间 ………………………………………… 53
　　　4.4.2　非机动车穿越机动车临界间隙 …………………………………… 55
　　　4.4.3　机动车与非机动车冲突概率 ……………………………………… 56
　4.5　机动车与行人冲突概率 ………………………………………………… 58
　　　4.5.1　机动车与行人冲突条件 …………………………………………… 58
　　　4.5.2　行人占用冲突区时间 ……………………………………………… 58
　　　4.5.3　冲突区占用时间与临界间隙的比较 ……………………………… 59
　　　4.5.4　行人不同排列构型冲突概率 ……………………………………… 60
　4.6　机动车与行人冲突概率实例 …………………………………………… 60
　　　4.6.1　机动车车头时距分布 ……………………………………………… 61
　　　4.6.2　人行横道行人占用时间 …………………………………………… 63
　　　4.6.3　行人穿越机动车临界间隙 ………………………………………… 64
　　　4.6.4　机动车与行人冲突概率 …………………………………………… 65

5　城市道路交叉口复杂度计量模型及其应用 …………………………… 67

　5.1　交叉口复杂度计量模型 ………………………………………………… 67
　5.2　交叉口复杂度影响因素分析 …………………………………………… 67
　　　5.2.1　交叉口空间布局及控制方式 ……………………………………… 68
　　　5.2.2　交叉口交通流特性 ………………………………………………… 68
　5.3　复杂度模型应用 ………………………………………………………… 73
　　　5.3.1　无控制交叉口 ……………………………………………………… 73
　　　5.3.2　两相位交叉口 ……………………………………………………… 77
　　　5.3.3　三相位交叉口 ……………………………………………………… 79
　　　5.3.4　四相位交叉口 ……………………………………………………… 82

5.3.5　不同类型交叉口复杂度对比 …………………………………………… 83
　　　5.3.6　不同路网密度条件下交叉口复杂度对比 …………………………… 84

6　城市道路交叉口通行效率及与复杂度关系模型 …………………………… 86

　6.1　问题的提出 ……………………………………………………………………… 86
　6.2　交叉口通行效率 ………………………………………………………………… 87
　6.3　冲突强度 ………………………………………………………………………… 88
　　　6.3.1　机动车与机动车冲突强度 …………………………………………… 89
　　　6.3.2　机动车与非机动车冲突强度 ………………………………………… 91
　　　6.3.3　机动车与行人冲突强度 ……………………………………………… 93
　6.4　通行效率与冲突强度关系 ……………………………………………………… 95
　　　6.4.1　"潜在冲突"交叉口通行效率与冲突强度关系 …………………… 95
　　　6.4.2　"实际冲突"交叉口通行效率与冲突强度关系 ………………… 101
　　　6.4.3　多冲突点交叉口通行效率与冲突强度关系 ……………………… 106
　6.5　通行效率与流量关系模型 …………………………………………………… 107
　　　6.5.1　"潜在冲突"情形下交叉口通行效率最大化 …………………… 107
　　　6.5.2　"实际冲突"情形下交叉口通行效率最大化 …………………… 108
　　　6.5.3　"实际冲突"及"潜在冲突"交叉口通行效率比较 …………… 110
　6.6　交叉口复杂度与通行效率关系模型 ………………………………………… 112
　　　6.6.1　相同交叉口不同交通需求条件下复杂度—通行效率关系模型 … 114
　　　6.6.2　相同控制方式条件下不同交叉口复杂度—通行效率关系 ……… 115
　　　6.6.3　相同流量及不同控制方式条件下交叉口复杂度—通行效率关系 … 116
　　　6.6.4　不同路网密度条件下交叉口复杂度—通行效率关系 …………… 118

附录 …………………………………………………………………………………… 120

　附录1　进香河—学府路交叉口南进口直行机动车车头时距对数正态
　　　　　分布拟合 ………………………………………………………………… 120
　附录2　交叉口复杂度计算表格 ………………………………………………… 129
　附录3　交叉口通行效率计算表格 ……………………………………………… 138

参考文献 ……………………………………………………………………………… 142

1 绪论

1.1 研究概述

1.1.1 交叉口复杂度

1. 复杂性

复杂性科学在 20 世纪 80 年代中期开始兴起,主要研究表复杂系统和复杂性的一门科学。虽然复杂性的研究已遍及自然科学、工程技术科学、管理科学和人文社会科学等领域,但由于复杂性的研究起步较晚,且各学科的研究对象和采用的分析方法不同,因此对复杂性概念的定义也不尽相同。到目前为止,"复杂性"还没有一个统一严格的定义[1,2]。以下是一些学者提出的定义:

R. 罗森:复杂性不但是系统相互作用的功能,而且是我们自身的功能。

R. Trappl:复杂性是我们仅仅部分知道和不能把握的人工自制的自然系统的性质[3]。

R. A. 西蒙:系统是多么复杂或多么简单,关键取决于描述它的方式。人工性和复杂性这两个论题不可避免地相互交织在一起[4]。

钱学森:所谓复杂性实际是开放的复杂巨系统的动力学,或开放的复杂巨系统学[5]。

据劳埃德统计,西方学者已经提出 45 种复杂性定义,如分层复杂性、算法复杂性、随机复杂性、有效复杂性、同源复杂性、基于信息的复杂性、时间计算复杂性、空间计算复杂性等。

从国内目前的研究成果来看,复杂性科学的研究均是从系统论的观点出发,将复杂性科学与复杂系统紧密联系在一起,研究范围涉及工程、生物、经济、管理、军事、政治、社会等各方面的复杂系统。

2. 交叉口复杂性(复杂度)

国内外对于交叉口复杂性的研究较少,国外较有代表性的研究成果为苏联学者费舍里松提出的模型[6]:

$$C = N_0 + 3N_c + 5N_j \tag{1-1}$$

式中 C——交叉口综合复杂性系数;

N_0——车流的分流点数量;

N_c——车流的合流点数量;

N_j——车流的交叉点数量。

我国学者徐吉谦教授结合我国的实际情况对以上模型作了改进,如公式（1-2）所示[7]:

$$C = k_1 N_d + k_2 N_m + k_3 N_j + k_4 N_w \tag{1-2}$$

式中 C——改进后的交叉口复杂性系数;

k_1、k_2、k_3、k_4——系数;

N_d、N_m、N_w、N_j——平面交叉口各类交通冲突点数量。

东南大学在上述研究的基础上,对平面交叉口综合复杂性系数作了进一步深入研究,采用系统分析方法,考虑平面交叉口3个影响方面和11个影响因素,建立了平面交叉口综合复杂性系数 AHP 分析模型[7]:

$$C = \sum_j P_j \sum_i R_{ij} \alpha_{ij} \tag{1-3}$$

式中 C——平面交叉口综合复杂性系数指标;

P_j——第 j 个影响方面的权重;

R_{ij}——交叉口第 i 个构成要素对第 j 个影响方面的影响权重;

α_{ij}——交叉口第 i 个构成要素对第 j 个影响方面的影响分值。

东南大学的刘飞从不同冲突形式及不同交通方式两个方面建立了复杂度模型[8]:

（1）基于不同冲突形式产生的各类交通冲突点数

$$C = k_1 \cdot N_j + k_2 \cdot N_m + k_3 \cdot N_d \tag{1-4}$$

式中 C——城市道路平面交叉口复杂度;

k_1——交叉口交叉冲突点系数;

k_2——交叉口合流冲突点系数;

k_3——交叉口分流冲突点系数;

N_j——交叉口交叉冲突点数;

N_m——交叉口合流冲突点数;

N_d——交叉口分流冲突点数。

（2）基于不同交通方式产生的交通冲突点数建模

$$C = k_{a-a} \cdot N_{a-a} + k_{a-b} \cdot N_{a-b} + k_{b-b} \cdot N_{b-b} \tag{1-5}$$

式中 C——城市道路平面交叉口复杂度;

k_{a-a}——机动车与机动车之间的冲突点数对交叉口复杂度影响系数;

k_{a-b}——机动车与非机动车之间的冲突点数对交叉口复杂度影响系数;

k_{b-b}——非机动车与非机动车之间的冲突点数对交叉口复杂度影响系数;

N_{a-a}——机动车与机动车之间的各类冲突点数;

N_{a-b}——机动车与非机动车之间的各类冲突点数;

N_{b-b}——非机动车与非机动车之间的各类冲突点数。

从现有的交叉口复杂度研究成果来看,不同的模型均存在一些不足之处。如费舍里松的模型中不同类型冲突点的系数均为常数,并未考虑交通流微观运行特征的影响,而其他模型中冲突点的系数虽为变量,但对于系数的分析方法及求解过程却未加涉及。

1.1.2 交叉口混合交通流

国外学者 Hossain M 将混合交通流定义为由共同占用同一道路资源的不同类型的道路使用者(包括非机动车与行人)构成的交通流,一般可分为 3 种类型[9]:(1)不同类型的机动车构成的交通流;(2)机动车及非机动车构成的交通流;(3)机动车、非机动车及行人构成的交通流。因此,机动车、非机动车及行人是构成交叉口混合交通流的 3 个基本要素。

1. 非机动车及行人基本特性

同样是混合交通流,我国与欧美发达国家的情形存在较为明显的差异。欧美国家交叉口交通流的主要组成部分为机动车流,非机动车及行人的比例较低;而我国的交叉口非机动车及行人占了一定的比例,且由于非机动车与行人在交叉口的行为特性与机动车有较大的差异,使得我国的交叉口呈现出较为"复杂"的状态。要想科学客观地反映这种状态,对于非机动车及行人特性的研究是必不可少的。国内外学者对此开展了较多的研究,主要研究成果可归纳如下:

美国的 Winai Raksuntorn 通过对 4 个信号控制交叉口的调查,分析了自行车的速度、加速度、到达分布、接受间隙及启动损失时间等,建立了模拟模型,获得了各种行为的基本数据[10];Dean Taylor 研究了骑车者在黄灯初期的反映行为,结果表明对于较大尺寸的交叉口,机动车信号转换间隙及清空时长难以满足较为冒进的骑车者穿越交叉口的要求[11];Mohammed M Hamed 研究了行人穿越人行横道的行为特征,将行人穿越行为分为从一侧步行至中间绿化岛及从中间绿化岛步行至另一侧两个阶段,并对有无中央分隔带两种情形分别建立了模型[12]。

国内学者对于交叉口自行车基本特性研究,主要包括到达分布规律[13]、速度、停车减速度、启动加速度[14,15]等方面,而对于行人特性的研究主要涵盖了行人到达规律[16,17]、过街心理[18,19]、过街速度[20]、过街时间[21,22]、延误等[23-27]。

2. 相互穿越及干扰行为

混合交通流的一个重要特征表现为不同类型不同方向的交通流相互穿越较为频繁,对交叉口的影响较为明显,对于穿越行为的研究成果可简要地总结如下:

美国的 Dean Taylor 等人通过对 3 个速度较低的交叉口的数据调查,研究了非机动车穿越机动车的行为,应用 probit 模型对临界间隙进行了估计,表明若提供间隙的后车为自行车,则非机动车穿越接受间隙相对较小,若提供间隙的后车为机动车,则接受间隙相对较大[28]。而国内的北京交通大学与北京工业大学对此的研究较多,并产生了一批硕博论文及其他一些科研成果[29-35]。

对于混合交通流之间相互影响的研究,国内主要有以下一些成果:北京交通大学黄玲研究了无信号交叉口非机动车线路选择以及其与各类交通车辆的相互影响和避让行为[36];李志鹏定性分析了城市道路交叉口各种不同类型的冲突,包括本向直行车辆与对向左转车辆的冲突、本向绿灯时间未驶出交叉口从而滞留在交叉口内部的车辆对于交叉口的影响等[37];赵春龙研究了平面交叉口混合交通流机非干扰微观行为,以直行自行车与同向右转机动车的干扰为例,建立机非干扰微观行为模型[38];周博运用模糊数学的相关理论对自行车穿越无信号交叉口时路径选择以及其与机动车的相互影响和避让行为进行了分析和建模[39];徐良杰研究了信号交叉口交通流间的相互影响,建立了左转非机动车对直行机动车的影响模型,为设置非机动车专用信号相位提供了理论依据[40,41];魏恒定量研究了非机动车因素对于交叉口机动车的影响,计算出了影响系数[42]。

3. 混合交通流研究成果的应用

交叉口混合交通流研究的最终目的还是为了改善交叉口的运行状况,提高交叉口的有序性、安全度及通行效率,因此一些交通学者将混合交通流的研究成果运用到了交叉口的设计方案及改善措施中,可大致概括为:张志远对非机动车交通流的特征、交叉口非机动车与机动车相互干扰的状况进行了调查分析,提出非机动车在较大交叉口应尽量采用设置左转专用相位的设计方法[43];王殿海通过对中国3个城市交叉口的调查,研究了直行及左转自行车与机动车的换算系数,得出直行及左转非机动车的换算系数分别为0.28及0.33[44];邵春福研究了左转非机动车二次过街对信号交叉口运行效率的影响[45];倪颖在分析行人与右转机动车冲突类型的基础上,运用Vissim仿真手段确定采用信号控制分离两者冲突的临界流量条件[46];陈振起研究了尺寸较大的交叉口行人二次过街行为,设计了二次过街行人信号,并建立了评价行人二次过街信号相位设计方案的仿真分析模型[47,48];杨晓光运用穿越理论建立了转弯车辆通行能力模型和行人延误模型,在此基础上通过设置专用相位前后交叉口通行能力和行人人均延误的对比分析,论证了设置整个交叉口行人专用相位的条件[49];此外他还运用相位组合技术,对行人相位与机动车相位的各种可能的组合进行了研究,提出了二次过街条件下行人相位的设计方法[50]。

1.1.3 交通冲突

交通冲突的理念很久以前就已应用于危险点的鉴别,但长期以来各国交通组织对交通冲突的定义、分类、表现形式等概念的解释不尽相同。为了比较和统一不同研究机构对交通冲突的认识，1977年在奥斯陆召开的首届国际交通冲突学术年会上正式提出了交通冲突的标准定义：两个或多个道路使用者在一定的时间和空间上彼此接近到一定程度，此时若不改变其运动状态，就有发生碰撞的危险，这种现象称为交通冲突[51]。交通冲突的概念统一以后，如何界定交通冲突、判断其严重程度、建立安全评价方法及将之应用到工程实践中则成为急需解决的课题，因此交通冲突技术应运而生。从本质上讲，交通冲突技术是一种依据一定的测量方法与判别标准，对交通冲突的发生过程及其严重性程度进行定量测量和判别，并应用于交通安全评价的技术方法，属于一种新兴的定量研究各种道路交通安全问题及其对策的非事故评价方法，可快速、定量评价交通安全现状及安全改善措施的效果，克服了传统的事故统计评价方法周期长、事故统计不完全等不足[52]。关于交通冲突的研究成果可概括为以下四方面：

1. 交通冲突的识别及其严重性的界定

交通冲突是一种避免碰撞的避让行为，并不一定造成损坏性的后果，因此对于交通冲突的判断只能通过交通冲突个体行为（如速度、轨迹等）的变化加以判断。由于主观因素，不同的观测者对于这种行为变化的判断存在一定的差异，因此需统一交通冲突的判断标准。新加坡的Hoong-Chor Chin分析了如何客观地界定交通冲突并测量其参数[53]；昆明理工大学的成卫针对我国交叉口的特点，科学分析了如何选择交通冲突的界定指标，最终将车辆相距事故发生地点的距离作为判断冲突严重程度的标准[54,55]；郑安文研究了机动车之间非严重冲突与严重冲突的判别基点及冲突发生时的碰撞能量，分析了影响交通冲突危险性的主要因素[56]；卢川等人通过分析冲突时间累积频率分布柱状图，对交通冲突的严重性判定进行了研究[57]。

2. 交通冲突的预测及与交通事故的关系

交通冲突实质上是交通行为不安全因素的表现，其既可能导致交通事故的发生，也可能因采取适当的避险行为而加以避免，因而交通事故与交通冲突之间存在着极为相似的形式，两者的唯一差别在于是否发生了直接损害性后果。交通冲突技术替代事故统计方法，不仅在一定程度上克服了事故统计方法的不足，而且可保证其有效性。美国的W. d. Glauz在1982年对大堪萨斯城地区46个信号交叉口和非信号交叉口的事故与冲突进行了调查，将事故和冲突分为12种类型，发现各种冲突类型与同类型事故有较好的相关关系，使用模型预测的事故值与实际值相差很小[58]；印度的G. Tiwari通过对印度14个地点的调查，研究了交通事故与交通冲突之间的关系，研究发现：混合车流中即使混有少量的非机动车也能产生较多的机非冲突，交通事故与交通冲突相关性并不高[59]；而中国的张苏在长沙市交通事故与交通冲突之间替换系数的两次研究中发现：平均80000～100000次交通冲突导致一次交通事故的发生，交通事故与交通冲突的替换系数具有较高的可信度[60]；而对于交通冲突的预测，较多的方法结合了灰色系统[61]或神经网络系统[62,63]。

3. 交通冲突安全评价

既有的一些成果获得了交通事故与交通冲突的相互关系，因此研究人员着眼于用交通冲突技术对交通设施进行安全评价,并取得了一些成果。Brian L Allen 等通过对交叉口冲突和碰撞产生过程的分析,对交通冲突技术进行了修改补充,认为交通冲突技术确实能为交通工程师提供可靠的交通事故预测和评价工具[64];瑞典通过实验发现受伤事故与交通环境、交通量及车辆密切相关,可用冲突技术评价交通安全措施的效果及交叉口重新改造的效果[65];Mohammed T Mallah 对直接左转及先右转后调头这两种方式分别建立了冲突预测模型,结果表明后者更为安全[66];国内学者分析了冲突技术评价的有效性[67],并得出了较多的评价方法,如冲突率评价方法[68]、模糊评价方法[69,70]、灰色评价方法[71]、灰色聚类评价方法[72]、欧几里德贴近度评价方法[73]等。

4. 交通冲突技术的应用

除了理论研究之外,世界各国的交通工作者逐渐将注意力转移到其实际应用方面,并取得了许多有价值的研究成果[74-76]。应用领域主要包括如下一些方面:信号交叉口绿灯信号延时系统有效性研究[77]、桂林市交叉口的安全评价[78]、ETC 安全评价[79]、郑州黄河公路大桥交通安全评价[80]、京珠南高速公路交通安全评价[81]、行人过街危险度评价[82]、自行车安全评价[83]等。

从交通冲突的定义不难看出,交通冲突是否会导致交通事故关键在于冲突的一方或双方是否采取了正确的避险方式,既有的研究主要从交通事故与交通冲突的关系着手,即研究了交通冲突与安全性的相互关联,并没有研究避险得当会对冲突双方造成如何的影响。实际上,发生交通冲突的双方若要避免交通事故的发生,会采取诸如停车、减速等行为,而这样的避险行为势必造成冲突一方或双方时间的延误、通行效率的降低,目前的研究对于这部分的内容未加涉及。

1.1.4 通行效率

德国学者 Werner Brilon 把交通流的运行与力学中的做功相联系。力学做功原理指出:在外力的作用下,越重的物体以越快的速度在力的方向上运动,则外力做功的效率(功率)越高。将力学理论中的力用车辆代替(从广义上考虑,可用交通个体代替),如此而言,越多的车辆以越快的速度运行则其通行效率越高[84]。其将此理论应用于国外的交叉口,得到以下的公式:

$$E = q \cdot \frac{3600}{D} \cdot T \tag{1-6}$$

式中 E——交叉口的通行效率;

q——交通需求;

D——交叉口车辆延误;

T——分析时间段。

公式中的延误仅考虑了车辆在停车线等待的时间,而对于我国的交叉口而言,车辆驶入交叉口功能区后由于车辆之间的冲突可能会造成车辆在功能区的二次延误,因此该公式难以适用于中国的交叉口。

另外由于研究目标、研究对象的差异,国内对于交通效率的定义也不尽相同。长安大学王学堂以延误为指标来研究交叉口的控制效率[85];吉林大学冯天军对于路段通行效率的定义为:在正常的道路条件、交通条件下,在单位时间内通过单位宽度道路(只包括车行道与其隔离设施)横断面的标准小汽车数量[86];清华大学焦朋朋从建设费用、总出行时间、污染物排放及能源消耗4个方面来构建路网通行效率的模型[87];吴世江等人从公共交通路网建设费用、公共交通车辆费用、公共交通总出行时间、公共交通污染物排放及公共交通能源消耗5个方面建立了公交网络的交通效率[88];同济大学叶彭姚、陈小鸿以交通效率为基础开展了城市最佳路网密度研究,考虑路网在通行能力和服务水平两个方面的综合性能,针对城市路网设施的断面、路段和路网3个层面提出了断面通行效率、路段输送效率和路网运行效率3个新的交通效率评价指标[89];清华大学陆化普等人从交通效率角度出发研究了大城市合理土地利用形态,以组团内部出行的平均时耗及组团间的交通关联度两个参数建立了模型[90]。

通常言之,可从以下4个方面来表征或评价一个交通运输系统的效率:可达性(accessibility)、机动性(mobility)、效益(efficiency)、服务对象和服务水平(service ability)。这4个方面实际上反映了4类不同分析者的关注重点的差别[91],见表1-1。

4类不同分析者与交通运输系统4类性能特征的关系[92] 表1-1

视角	指标	分析者
可达性	可达性	交通规划师
机动性	机动性	交通工程师
效益	生产率	交通管理者
服务对象和服务水平	效益	交通经济学家

从表1-1可看出,基于不同的研究目标,构建模型的参数也存在差异。

1.2 研究内容

1. 交叉口冲突点、冲突概率的研究

从宏观层面用图示法分析不同类型及不同控制方式的交叉口机动车与机动车冲突点的数量,并基于交通调查采集的视频文件应用摄影测量的方法分析机动车与非机动车及行人的冲突区域,在此基础上从交通流运行特征的微观层面分析机动车与机动车、非机动车及行人在冲突点及冲突区域的冲突概率，为复杂度模型的建立奠定基础。

2. 交叉口复杂度的内涵及模型研究

提出交叉口复杂度的概念并从多个层面阐述其内涵，以冲突点及冲突概率两个参数建立复杂度的计量模型，通过具体算例从单点及整个路网两个层次分别计算不同类型交叉口在不同控制方式及不同流量条件下其复杂度的变化范围，分析复杂度在不同条件下的变化趋势，从而可评价交叉口的运行状况。

3. 交叉口通行效率研究

为了衡量交叉口时空资源的利用程度，提出通行效率的概念并建立计算模型，分析通行效率与其参数冲突强度的关系，从而可在确定交叉口复杂度合理范围的前提下以通行效率为指标实现交叉口的优化。

4. 交叉口复杂度与通行效率关系研究

从单点及整个路网交叉口两个层面分别计算不同控制方式及不同流量条件下不同类型交叉口的复杂度及其对应的通行效率，分析交叉口复杂度与通行效率之间的关系。

1.3　章节安排

全文共分6章：

第1章为绪论。介绍与本书有关的国内外研究成果，介绍研究内容与章节安排等。

第2章为城市道路交叉口复杂度内涵。在阐述交叉口复杂度内涵的基础上，分析应用复杂度指标研究交叉口的可行性、建立交叉口复杂度模型的思路以及求解交叉口复杂度数值所需的数据并提出科学可行的调查方案。

第3章为城市道路交叉口冲突点。主要从交叉口不同相交道路条数、不同车道数及不同控制方式这3个主要影响因素着手分析机动车与机动车、非机动车及行人的冲突点及冲突区域。

第4章为城市道路交叉口冲突概率。从交通流微观运行特征着手研究机动车与机动车、机动车与非机动车及机动车与行人3种不同类型交通冲突的概率。

第5章为城市道路交叉口复杂度计量模型及其应用。在前两章研究基础上建立交叉口复杂度计量模型，并通过具体算例确定了不同类型交叉口在不同控制方式及流量条件下其复杂度的取值范围。

第6章为城市道路交叉口通行效率及与复杂度关系模型。提出交叉口通行效率的概念并建立计算模型，分析通行效率与其参数冲突强度的关系，研究交叉口通行效率与复杂度的关系。

# 2 城市道路交叉口复杂度内涵

表征交叉口运行特征的指标较多,如通行能力、延误、安全性、能源消耗等,这些指标均从不同侧面反映了交叉口的运行状态。而对于交叉口复杂度而言,其本身是一个什么性质的指标?该指标能否反映交叉口的运行特征?若能反映,其反映了交叉口的哪些特性?其研究的着眼点何在?研究方法如何?在开展交叉口复杂度研究之前,本章首先对以上诸多问题作一个简要的解答。

2.1 交叉口"复杂"现象的机理分析

由于城市道路交叉口汇集了不同类型不同转向的交通流,其中某些交通流的运行轨迹不仅在空间上存在冲突点,在这些冲突点也极易同时相遇,即发生交通冲突。在发生交通冲突时,交通个体通常会采用减速、停止等待或占用其他车道的方式来避免发生交通事故。当减速或停止等待时导致其后面的交通个体的速度有所下降,整股交通流在交叉口呈现暂时停滞的现象,此时与之冲突的交通流则难以寻求适当的间隙进行穿越导致其也呈现停滞不前的状态;当占用其他车道时又与其他车道的交通流发生冲突,为了避免交通事故,其他车道交通流又会采用同样的避险方式从而又会影响其他交通流的运行,因此整个交叉口的交通冲突向周围交通流呈扩散蔓延的趋势,这种恶性循环直接导致了整个交叉口混乱无序的状态,即所谓的交叉口"复杂"现象。

2.2 交叉口交通冲突与其他指标的关系分析

以上的分析表明,交通冲突是交叉口"复杂"的根本原因,既有的研究表明交通冲突与交叉口的其他指标均存在一定的关联,下面主要从交通冲突与交叉口通行能力、安全性、延误及能源消耗这4个方面阐述其之间的相互关系。

2.2.1 交通冲突与通行能力的关系

国外关于交叉口通行能力的计算方法较多,但由于我国城市道路交叉口交通流与国外存在明显的区别,因此国内学者针对我国交叉口混合交通流的特点,提出了适合本国交叉口特点的计算方法,冲突点法就是充分考虑混合交通流之间交通冲突的一种较为有效的交叉口通行能力分析计算方法[93,94],该方法认为交通流只有通过交叉口的冲突点才算通过交叉口,其计算模型可表示为如下形式:

$$N = \frac{3600}{T}\sum N_i$$

$$N_i = \frac{t_{gi} - \alpha_{ni} - \beta_i}{h_{mi}} + m_i$$

(2-1)

式中　N——交叉口 1h 的通行能力;
　　　N_i——通过冲突点的通行能力;
　　　T——周期时长;
　　　t_{gi}——绿灯时长;
　　　α_{ni}——穿越空挡的损失时间;
　　　β_i——有无专用左转车道的得失时间;
　　　h_{mi}——车流紧接通过冲突点的安全车头时距;
　　　m_i——进口道直行车道的条数。

东南大学蒋大治在城市道路交叉口最大通行能力的修正系数中也考虑了交通冲突的影响,经回归分析发现交叉口的通行能力与冲突度存在如下关系,如图 2-1 所示。

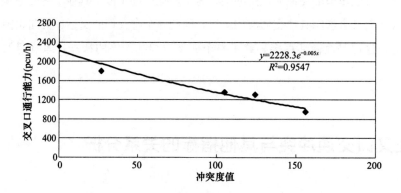

图 2-1　交叉口冲突度对交叉口通行能力的影响[95]

图中冲突度值可用以下模型计算:

$$M_c = 0.5N_b + N_d + 3(N_m + N_i) + 5N_c$$

(2-2)

式中 M_c——交叉口冲突度；

N_d——机动车分流冲突点数；

N_m——机动车合流冲突点数；

N_i——机动车交织冲突点数；

N_c——机动车正交冲突点数；

N_b——机动车与非机动车冲突点数。

从以上的研究不难看出，交叉口的交通冲突对其通行能力有着较为明显的影响，总体而言，二者的关系可用减函数表达，即对于同一交叉口而言，交通冲突越严重，通行能力越小。

2.2.2 交通冲突与安全性的关系

若冲突交通流同时在同一冲突点相遇，则可认为发生了交通冲突[51]。交通冲突的实质是交通行为不安全因素的表现，其可能导致交通事故的发生，也可能因采取适当的避险行为而避免交通事故，图 2-2 描述了交通冲突是否发生的过程[55]。

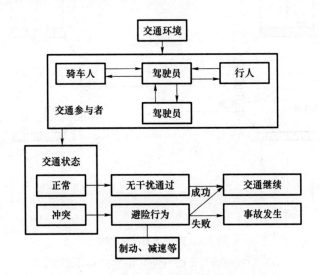

图 2-2 交叉口交通事故与交通冲突关系图示

图 2-2 描述了交通冲突与交通事故的因果关系，若避险失败，则会导致交通事故的发生。因此，交通事故与交通冲突存在着逻辑上的关联性。美国的 W. d. Glauz 在 1982 年对大堪萨斯城地区 46 个信号交叉口和无信号交叉口的交通事故与交通冲突进行了调查，研究发现：二者之间有较好的相关关系，使用模型预测的事故值与实际值相差很小[58]；我国的张苏通过大量的研究发现：平均 80000~100000 次交通冲突导致一次交通事故的发生，交通事故与交通冲突的替换系数具有较高的可信度[60]。因此，交通冲突是交通事故发生的根本原因，是不安全因素的体现，交叉口交通冲突越频繁则其安全性越低。

2.2.3 交通冲突与延误的关系

从图 2-2 不难看出,当遇到交通冲突时,其造成的结果取决于避险行为是否得当。若采取适当的避险措施则会避免交通事故的发生,反之则会造成交通事故。而一般的避险行为主要包括制动、减速、加速、转向等,而对于交叉口而言,由于交叉口交通参与者众多、构成复杂及行驶方向纵横交错,且由于标线施划的限制,使得交叉口的避险行为采用加速及转向的方式较少,从采集的视频文件也证明了这一点。交叉口较常见的避险方式则为制动及减速两种方式,但无论对于哪种方式而言,均增加了交通流在交叉口功能区的行驶时间,从而造成了一定程度的延误。

从图 2-3(a)及图 2-3(b)中可看出,在无冲突情形下,左转机动车穿越交叉口功能区的时间为 t_0,而在有冲突情形下,穿越功能区时间为 t_c,则由于交通冲突造成的延误为 $D=t_c-t_0$。因此,交叉口交通冲突即使不导致交通事故的发生,也极有可能造成交通流运行的延误。

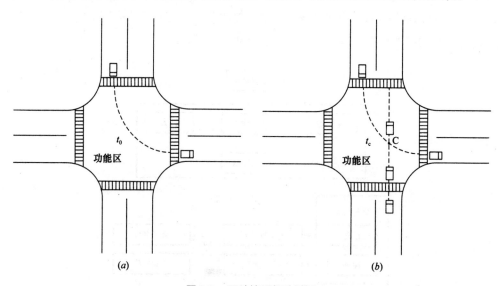

图 2-3 两种情形行驶时间

(a)无冲突情形行驶时间;(b)有冲突情形行驶时间

2.2.4 交通冲突与能源消耗的关系

机动车在交叉口面临交通冲突时,一般采取减速或制动的方式避免交通事故的发生,然后再加速通过交叉口。从已有的研究得出,机动车在减速、加速的过程中,会使得机动车额外多消耗一些能源。已有的研究表明:桑塔纳轿车从 50km/h 减速至 0 再加速至 50km/h 时额外消耗燃油 16mL,从 50km/h 减速至 10km/h 再加速至 50km/h 时额外消耗燃油 13.5mL[97]。因此,由于交通冲突的发生,机动车采用的避险行为会加大能源的消耗。

2.3 交叉口复杂度概念及内涵

以上的分析表明交通冲突与交叉口的较多指标均存在一定的关联性，而交叉口复杂度正是以交叉口的交通冲突作为研究的核心，是交叉口复杂程度的量化。其概念可表述为如下：

一般而言，交叉口复杂度是一个综合性衡量指标，是交叉口冲突点及冲突概率的量化，是交叉口空间布局及运行组织复杂性的度量，是交叉口功能区交通流运行状态有序性的反映，是不同运行特征的交通流在交叉口不同空间布局型式下的体现。其具有以下 4 个方面的内涵：

(1) 复杂度综合反映了交叉口的冲突点及冲突概率。复杂度不仅反映交叉口冲突点的数量，还反映了交通流在这些冲突点发生冲突的概率。冲突点数量越大表明冲突交通流的数量越大，冲突交通流的流量越大表明发生冲突的概率越大，即复杂度同时表征了交叉口冲突交通流的多少及这些交通流发生冲突的可能性大小。

(2) 复杂度反映了交叉口的空间布局、运行组织及交通流运行特性。由于冲突点的数量依赖于交叉口的空间布局型式及运行组织方式，而冲突概率则取决于交通流的运行特征，因此交叉口复杂度不仅从宏观上反映了交叉口的空间布局及运行组织，还从微观上反映了交通流的运行特性。

(3) 复杂度能够直接反映交叉口交通流运行的有序程度。由于交叉口的交通冲突对交通流运行的有序程度有直接的影响，冲突点越多，冲突概率越大，则交通冲突发生的可能性越大，对交叉口的运行产生的影响越明显。因此对于同一交叉口而言，复杂度越低，其交通流运行的有序程度越高，反之则越低。

(4) 复杂度指标是交叉口的交通流运行特征在空间布局型式及运行组织方式下的体现。即在给定交叉口空间布局及运行组织的前提下，各种运行特征的交通流均对应某一具体的交叉口复杂度数值，且不同空间布局及运行组织的交叉口在不同特征的交通流运行条件下，交叉口复杂度的数值一般是不同的。

2.4 复杂度研究的可行性分析

从以上的分析可看出，交叉口之所以"复杂"的根本原因在于交通冲突，交通冲突发生的根本原因是由于其同时汇集了不同类型不同方向的交通流，这些交通流均想优先穿越交叉口，但由于交叉口时空资源的有限性使得其在某个时段只能给其中某些交通流提供通行权，其他的交通流则需在停车线等待或从运行的交通流空档中选择合适的间隙伺机穿越。交通流在穿越交叉口的行驶路线上存在冲突使得其对交叉口时空资源的占用存在竞争性,因此交叉口的冲突状况从总体上决定了其运行状况。

若要综合反映交叉口交通流的运行状况,需从空间及时间两个角度加以分析,即空间上的冲突点及时间上的冲突概率。交叉口冲突点越多,表明可能抢占交叉口资源的交通流数量越多,对交叉口资源的竞争性也越强,因此冲突点表征了交叉口在空间上的冲突状况。但由于交通流运行的随机性,使得在空间上存在冲突的交通流并不总会同时相遇。因此,若想综合衡量交叉口的运行状态,不仅需从空间上确定冲突点的数量,更需从时间上分析其在冲突点同时相遇的概率,如此则能体现交通流对于交叉口时空资源的竞争性,而交叉口复杂度指标则分别从空间及时间两个角度、宏观及微观两个层面研究了交叉口的冲突状况,故可综合地反映交叉口的运行状态。

2.5　交叉口复杂度的研究方法

由于复杂度的概念涉及交叉口宏观及微观两个层面,因此复杂度计量模型也应包含与之对应的冲突点与冲突概率这两个参数。首先需确定交叉口空间冲突点的分布情况。交叉口冲突点一般分为机动车与机动车、机动车与非机动车、机动车与行人、非机动车与非机动车、非机动车与行人及行人与行人 6 类,而前 3 类的冲突对交叉口的运行影响较大[98],因此本书的研究以这 3 类为主。不同类型的冲突点可通过图示法获得,从而可求得其在交叉口的大致分布情况。在理论冲突点确定以后,则要分析冲突交通流在冲突点同时相遇的概率,而这个参数则与冲突交通流运行特征有关,因此可表达为其运行特性的函数。整个交叉口的复杂度最终可表示为实际冲突点的数量。基于以上的分析,可运用理论分析的方法建立复杂度计算模型,然后以几种典型交叉口为例说明复杂度模型中各参数的求解方法、过程及其最终数值。典型交叉口各参数的获取需以交叉口宏观及微观两方面的数据为基础,而诸多数据的采集需依赖于科学可行的调查方案。

2.6　交通调查方案设计

2.6.1　调查数据特点

由于本书研究的目标交叉口复杂度及通行效率,研究内容围绕交叉口功能区的冲突状况,因此调查数据需能覆盖交通流驶入交叉口、在交叉口内部发生冲突及驶出交叉口这一完整穿越过程，即要保证交通流在交叉口运行时时间及空间上的连续性；另外本书研究的对象是交叉口混合交通流，故调查数据需包括机动车、非机动车及行人3种不同类型的交通流。

2.6.2 调查内容

调查数据包括三方面的内容：信号交叉口的几何参数、信号控制参数和交通流运行参数。

（1）信号交叉口的几何参数特征主要包括：机动车及非机动车车道数、设置情况及车道宽度，机非分离方式，人行横道长度及宽度，标志标线等。

（2）信号控制参数主要包括：信号控制方式、信号周期长度、相位相序及配时情况等。

（3）交通流运行参数主要包括：机动车、非机动车及行人流量、流向，进入交叉口时间分布规律，接受间隙及拒绝间隙，进入交叉口时刻及驶出交叉口时刻，在冲突点造成的延误等。

2.6.3 交叉口选择原则

由于本书的主要研究内容是城市平面信号交叉口内部的冲突状况，因此所选择的交叉口应尽量具有典型性、代表性，并且能够满足数据的要求，原则如下：

（1）选取正交十字形信号控制交叉口，无明显坡度，视距良好，周围具备较好的拍摄位置。

（2）具有较大的机动车、非机动车及行人流量。

（3）具有较为明显的机动车与机动车冲突、机非冲突及机动车与行人冲突。

2.6.4 调查方法

交叉口调查的方法一般可分为人工调查与设备检测两大类。人工检测如计数法调查交叉口的流量，牌照法调查交叉口的延误等。随着传感器技术、微电子技术和信息处理技术的发展，在交通调查中出现了交通流检测器这样的调查方法。

由于本书的研究需包括交通流在交叉口功能区运行的整个过程，因此结合该特点采用可连续采集数据的视频采集方法。该方法的优点为：不直接接触调查对象从而对调查对象影响较小、图像可重复观看、所需调查人员较少等。此外，对于交叉口的几何尺寸及信号控制参数采用人工调查的方法。

2.6.5 调查方案

按照以上调查要求，经过筛选及预调查，最终选择进香河—学府路交叉口（两相位），宁海路—汉口西路交叉口（三相位）。之所以如此选择，是由于两相位的进香河—学府路交叉口及三相位的宁海路—汉口西路交叉口机动车与机动车冲突、机非冲突及机动车与行人冲突较为明显，且各种不同类型的交通流均有较大的流量。

1. 进香河—学府路交叉口数据调查

采用 6 台摄像机同时对交叉口 4 个进口道及内部冲突区域进行了拍摄，共采集了 24h 的数据。

如图 2-4 所示，$C_1 \sim C_4$ 置于各个进口道旁，对准停车线，垂直于车流行驶方向拍摄，记录车流进入交叉口的状况，C_5 置于北进口中央绿化带上，C_6 置于东南角主要拍摄交叉口内部冲突状况。

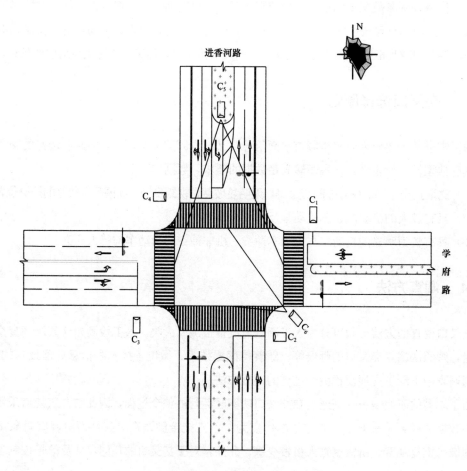

图 2-4 进香河—学府路交叉口示意图

2. 宁海路—汉口西路交叉口数据调查

采用 6 台摄像机同时对交叉口 4 个进口道及内部冲突区域进行了拍摄，共采集了 24h 的数据。

如图2-5所示，$C_1 \sim C_4$置于各个进口道旁，对准停车线，垂直于车流行驶方向拍摄，记录车流进入交叉口的状况，C_5置于西北角，C_6置于南进口中央绿化带上主要拍摄交叉口内部冲突状况。

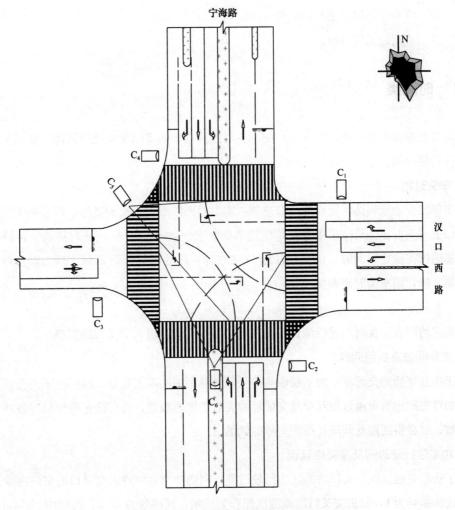

图2-5　宁海路—汉口西路交叉口示意图

2.7　数据析取方法

2.7.1　流量类

本书的流量是以周期为单位，从拍摄的视频文件中分别计算不同流向的机动车、非机动车及行人穿越交叉口的交通量。

$$VOL = \frac{3600Q}{T} \tag{2-3}$$

式中　VOL——各类交通流的小时流量（veh/h）；
　　　Q——一个周期内的平均流量（veh/周期）；
　　　T——周期长度（s）。

2.7.2　时间类

时间类数据包括交通流进入交叉口的车头时距分布、接受间隙及拒绝间隙、交通流在交叉口功能区行驶时间。

1. 车头时距

为了得到交通流到达冲突点的分布规律，本书对准停车线拍摄的摄像机可采集到交通流进入交叉口的车头时距。具体采集方法是使用 Adobe 公司的 Premiere 软件对视频文件进行逐帧播放，每两帧图像之间间隔 0.04s，假设前车驶过停车线的图像为第 m 帧，后车驶过停车线的图像为第 n 帧，则车头时距 h_t(s) 为：

$$h_t = 0.04 \times (n - m) \tag{2-4}$$

对于采集到的所有车头时距进行统计分析，则可得到交通流进入交叉口的规律。

2. 接受间隙及拒绝间隙

对于相互穿插的交通流，为了获取其接受间隙及拒绝间隙的数值，同样可采用分帧播放的方法。如首先确定前车越过相互穿越交通流冲突点的图像帧数，而后确定后车越过该冲突点的图像帧数，则会得到接受间隙及拒绝间隙的数值。

3. 功能区行驶时间及冲突点延误

为了获取交通流在交叉口功能区的行驶时间，则选择交通流进入交叉口时刻的图像作为前帧，假设其编号为 k，驶出交叉口时刻的图像作为后帧，其编号为 l，则行驶时间为 t(s)：

$$t = 0.04 \times (l - k) \tag{2-5}$$

若要获得交通流在冲突点的延误 D(s)，则需分别获取在有无冲突两种情况下的行驶时间 t_c 及 t_0，则：

$$D = t_c - t_0 \tag{2-6}$$

2.7.3　密度类

密度主要包括非机动车在交叉口内部及行人在人行横道的密度。若要获取其在某一时刻的

密度 k(bic/m² 或 ped/m²)，通过采集该时刻的图像则可得到非机动车及行人的数量 N(bic 或 ped)，则：

$$k=\frac{N}{W \cdot L} \tag{2-7}$$

式中　W——区域的宽度（m）；

　　　L——区域的长度（m）。

2.7.4　速度类

为了获取交通流在某个区域的运行速度，可分别采集进入及离开该区域编号分别为 x 及 y 的两帧图像，若在两帧图像移动的位移为 S(m)，则速度 v(km/h) 为：

$$v=\frac{3.6S}{0.04\times(y-x)} \tag{2-8}$$

3 城市道路交叉口冲突点

上一章分析了交叉口的冲突点及冲突概率是构成交叉口复杂度的两个基本参数，这两个参数分别与交叉口空间布局型式、控制方式及交通流运行特性有关。交叉口空间布局形式，主要包括交叉口相交道路条数、交叉口各进口道的横断面形式、交叉口各进口道的机动车道数及交叉口进口道各车道功能的划分等。本章首先总结分析了交叉口理论冲突点的分布与交叉口不同相交道路条数、不同机动车道数及不同的相位设置这3个主要影响因素之间的关系[8]，然后研究在交叉口实际运行状态下冲突区域的确定。

3.1 交叉口相交道路条数及进口车道数与冲突点的关系

3.1.1 交叉口相交道路条数与冲突点的关系

城市中较为常见的交叉口有T形交叉口、十字形交叉口及复合交叉口，其对应的相交道路条数分别为三路交叉、四路交叉、五路及五路以上交叉。以较为典型的双向两车道为例，不同的相交道路条数所对应的交叉口机动车与机动车冲突点的空间位置及数量见表3-1。

双向两车道不同的相交道路条数冲突点　　　　　表3-1

相交道路条数	图示	冲突点类型	数量
三路交叉口	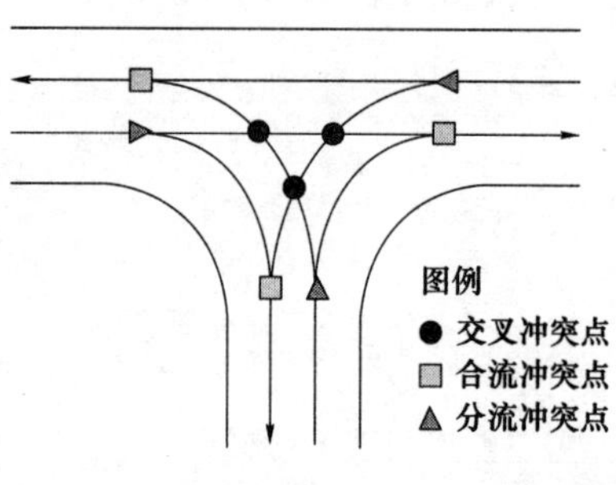 图例：●交叉冲突点　□合流冲突点　▲分流冲突点	交叉冲突点	3
		分流冲突点	3
		合流冲突点	3
		总数	9

续表

相交道路条数	图示	冲突点类型	数量
四路交叉口	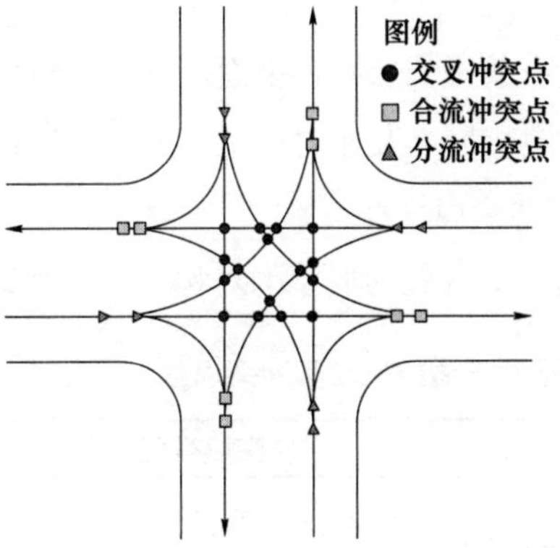	交叉冲突点	16
		分流冲突点	8
		合流冲突点	8
		总数	32
五路交叉口	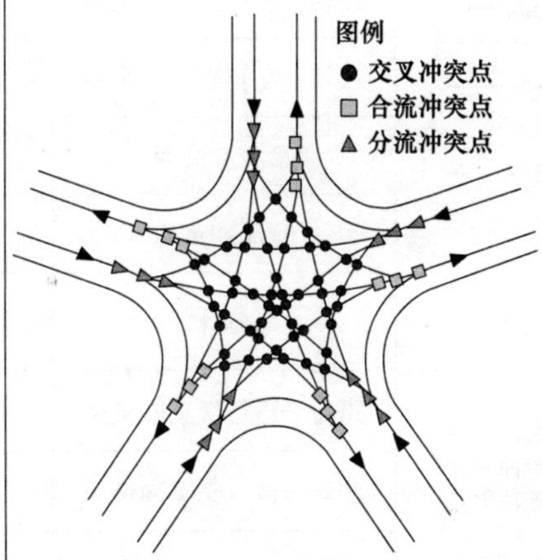	交叉冲突点	50
		分流冲突点	15
		合流冲突点	15
		总计	80

从表 3-1 中的冲突点数量不难看出，双向两车道交叉口机动车与机动车冲突点数量与相交道路条数具有如下关系[99]：

$$\begin{cases} N_{da}=N_{ma}=n_r(n_r-2) \\ N_{ja}=n_r^2(n_r-1)(n_r-2)/6 \end{cases} \tag{3-1}$$

式中　N_{da}——交叉口机动车分流冲突点数；

N_{ma}——交叉口机动车合流冲突点数；

N_{ja}——交叉口机动车与机动车交叉冲突点数；

n_r——交叉口相交道路条数（$n_r \geqslant 3$）。

城市道路平面交叉口各类冲突点中交叉冲突点对交叉口功能（交叉口通行能力、交叉口安全、交叉口运行效率等）的影响最为显著，合流点次之，再次是分流点。本书主要以交叉口交叉冲突点作为研究对象，其他类型的冲突点研究方法类似。

3.1.2 交叉口进口道车道数与冲突点的关系

不同的进口道车道数亦对冲突点的数量有较大的影响,下面以城市中较为常见的十字形交叉口为例,研究对称型交叉口(各进口道数量相同)及非对称型交叉口冲突点数量及位置。

1. 对称型十字交叉口不同车道数机动车冲突点

本书选取了2—2型、4—4型及6—6型这3种较为典型的对称十字交叉口为例,见表3-2。

对称型十字交叉口不同车道数机动车冲突点数　　　　表 3-2

相交道路条数	图示	冲突点类型	数量
2—2 型交叉口	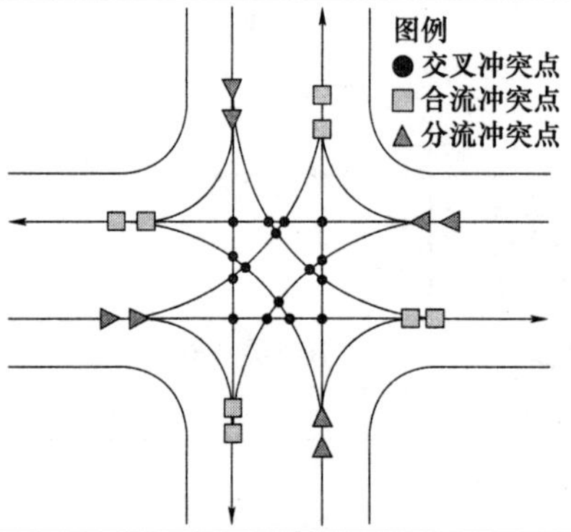	直行—直行交叉冲突点	4
		左转—直行交叉冲突点	8
		左转—左转交叉冲突点	4
		合流冲突点	8
		分流冲突点	8
		总计	32
4—4 型交叉口	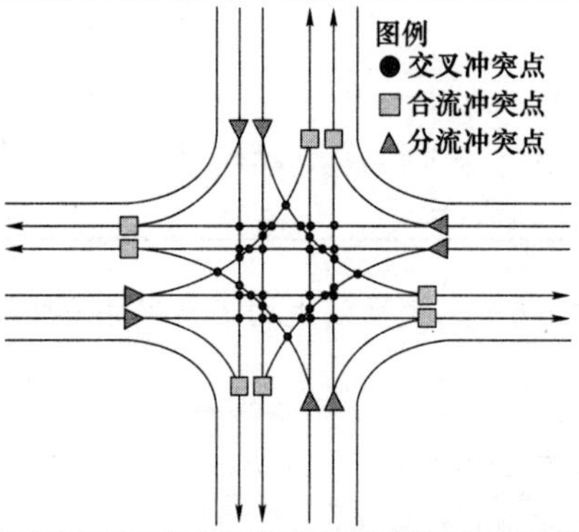	直行—直行交叉冲突点	16
		左转—直行交叉冲突点	16
		左转—左转交叉冲突点	4
		合流冲突点	8
		分流冲突点	8
		总计	52
6—6 型交叉口	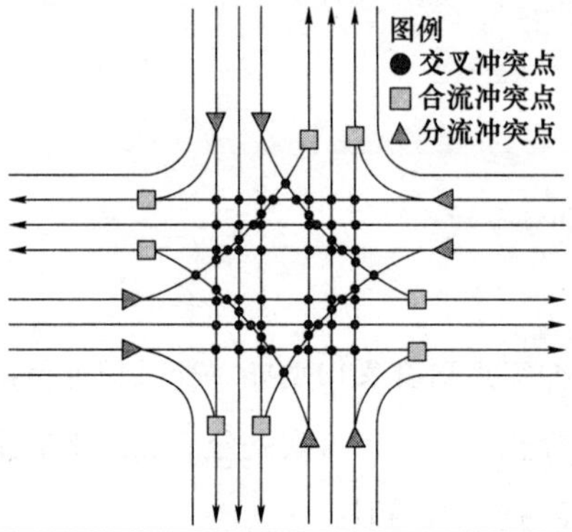	直行—直行交叉冲突点	36
		左转—直行交叉冲突点	24
		左转—左转交叉冲突点	4
		合流冲突点	8
		分流冲突点	8
		总计	80

从表 3-2 中的数据可看出，交叉口机动车与机动车冲突点数量与进口道条数之间符合如下的关系：

$$\begin{cases} N_{jasr} = 4n_{la}^2 \\ N_{jal} = 8n_{la} + 4 \end{cases} \quad (3-2)$$

式中　N_{jasr}——交叉口非左转机动车交叉冲突点数；

　　　N_{jal}——交叉口左转机动车交叉冲突点数；

　　　n_{la}——进口道机动车车道条数。

2. 对称型十字交叉口不同车道数机非冲突点

非机动车是我国城市交叉口中的重要组成部分，由于其自身的特点，使得交叉口机非冲突较为严重，因此机非冲突的研究必不可少。表 3-3 对对称十字形交叉口机非冲突点进行了研究。

对称型十字交叉口不同车道数机非冲突点数　　　　　表 3-3

相交道路条数	图示	冲突点类型	数量
2—2 型交叉口	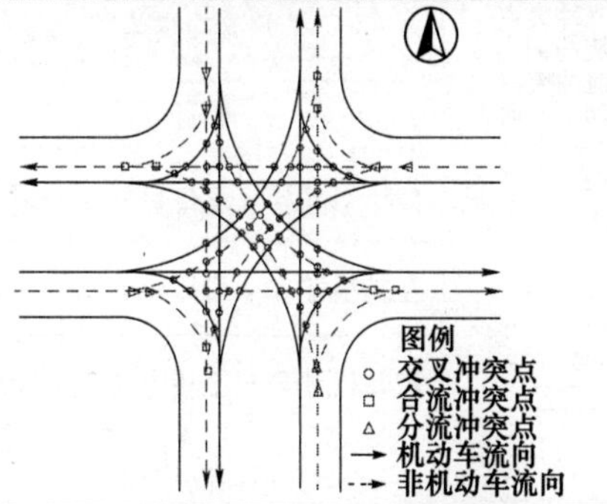	直非—机动车交叉冲突点	24
		左非—机动车交叉冲突点	32
		直非—直非交叉冲突点	4
		左非—左非交叉冲突点	4
		合流冲突点	8
		分流冲突点	8
		总计	80
4—4 型交叉口	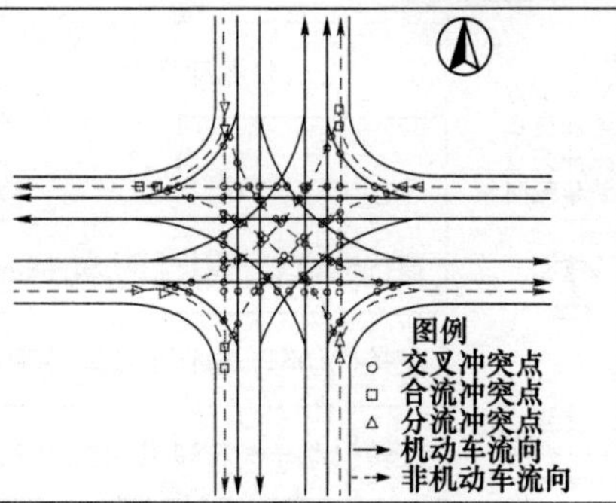	直非—机动车交叉冲突点	32
		左非—机动车交叉冲突点	48
		直非—直非交叉冲突点	4
		左非—左非交叉冲突点	4
		合流冲突点	8
		分流冲突点	8
		总计	104
6—6 型交叉口	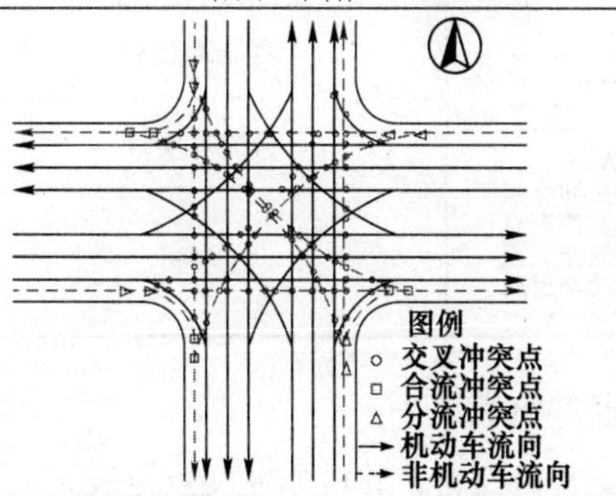	直非—机动车交叉冲突点	40
		左非—机动车交叉冲突点	64
		直非—直非交叉冲突点	4
		左非—左非交叉冲突点	4
		合流冲突点	8
		分流冲突点	8
		总计	128

3. 非对称型十字交叉口不同车道数机动车冲突点

对于非对称型十字交叉口而言，城市中较为常见的有 4—2 型交叉口、6—2 型交叉口及 6—4 型交叉口，其机动车与机动车冲突点见表 3-4。

非对称型十字交叉口不同车道数机动车冲突点数　　　　表 3-4

相交道路条数	图示	冲突点类型	数量
4—2 型交叉口	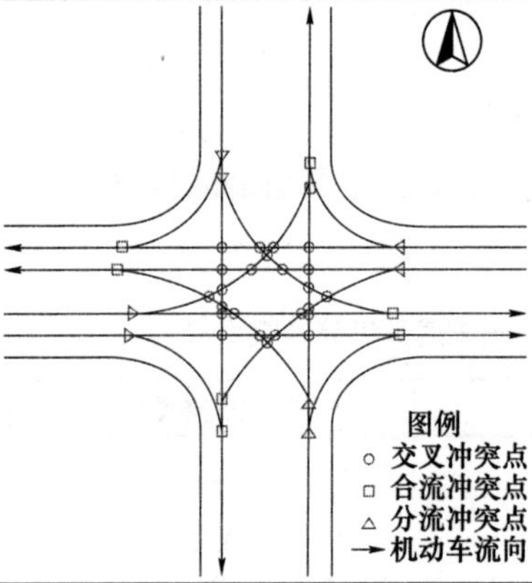	直行机动车—直行机动车冲突点	8
		左转机动车—直行机动车冲突点	12
		左转机动车—左转机动车冲突点	4
		合流冲突点	8
		分流冲突点	8
		总计	40
6—2 型交叉口	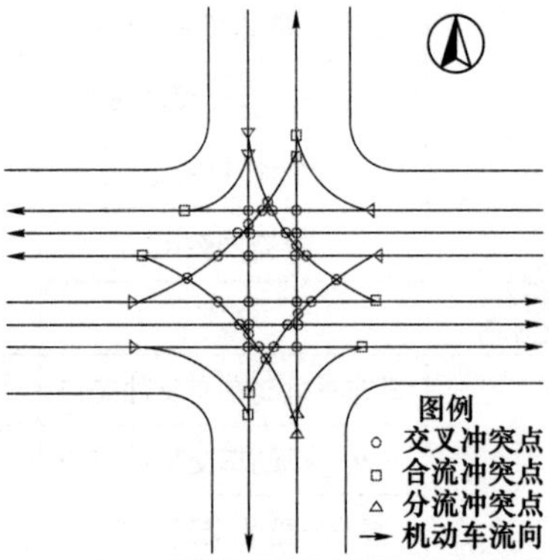	直行机动车—直行机动车冲突点	12
		左转机动车—直行机动车冲突点	16
		左转机动车—左转机动车冲突点	4
		合流冲突点	8
		分流冲突点	8
		总计	48
6—4 型交叉口	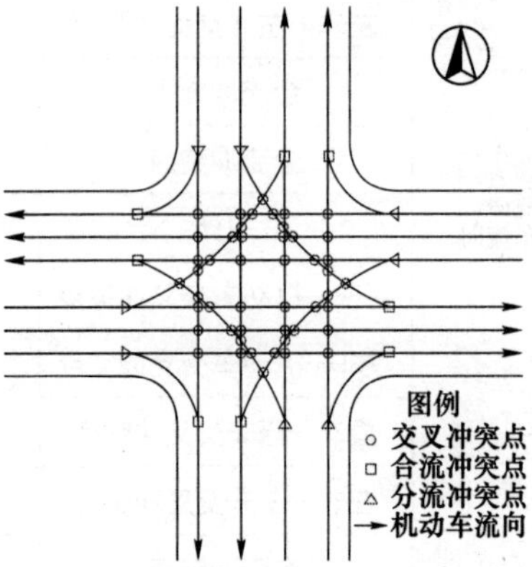	直行机动车—直行机动车冲突点	24
		左转机动车—直行机动车冲突点	20
		左转机动车—左转机动车冲突点	4
		合流冲突点	8
		分流冲突点	8
		总计	64

4. 非对称型十字交叉口不同车道数机非冲突点

对于 4—2 型、6—2 型及 6—4 型城市交叉口而言，其机非冲突点见表 3-5。

非对称型十字交叉口不同车道数机非冲突点数　　　　表 3-5

相交道路条数	图示	冲突点类型	数量
4—2 型交叉口	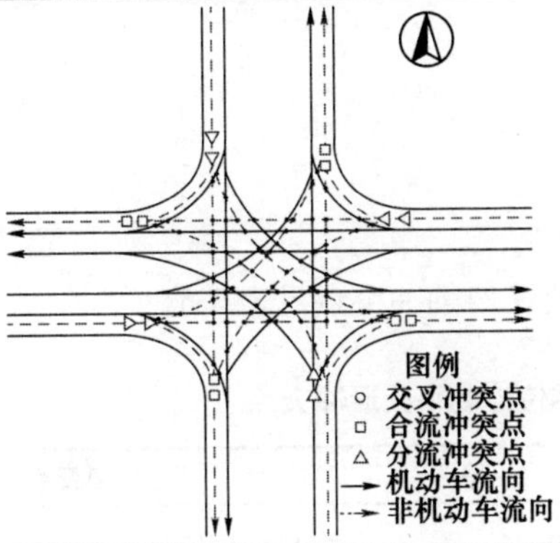	直非—机动车交叉冲突点	28
		左非—机动车交叉冲突点	40
		直非—直非交叉冲突点	4
		左非—左非交叉冲突点	4
		合流冲突点	8
		分流冲突点	8
		总计	92
6—2 型交叉口	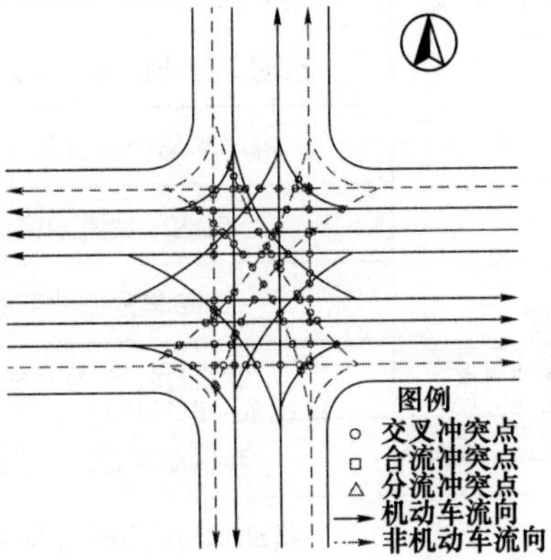	直非—机动车交叉冲突点	32
		左非—机动车交叉冲突点	48
		直非—直非交叉冲突点	4
		左非—左非交叉冲突点	4
		合流冲突点	8
		分流冲突点	8
		总计	104
6—4 型交叉口	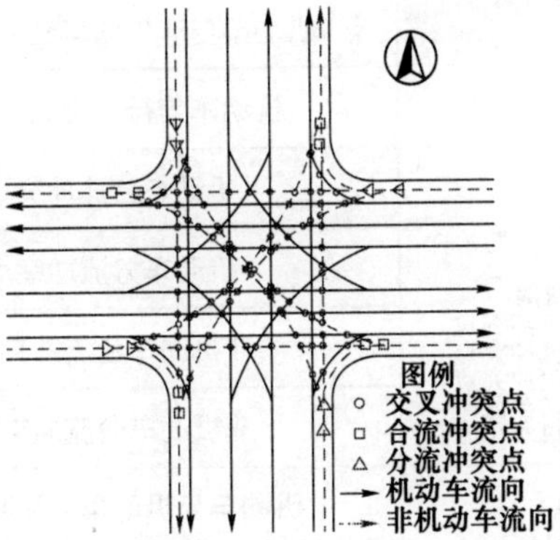	直非—机动车交叉冲突点	36
		左非—机动车交叉冲突点	56
		直非—直非交叉冲突点	4
		左非—左非交叉冲突点	4
		合流冲突点	8
		分流冲突点	8
		总计	116

3.2　交叉口信号控制与冲突点的关系

以上对无信号控制的交叉口的冲突点进行了分析，而对于信号控制交叉口而言，由于信号灯的指示,避免了某些流向的交通流发生冲突的可能。下面以较为常见的两相位及四相位为例加以分析,对于 3 相位而言,其一个方向类似于两相位,另一方向类似四相位,在此不再赘述。

3.2.1 两相位控制下交通冲突点

2—2 型、4—4 型及 6—6 型对称两相位交叉口的冲突点见表 3-6。

对称交叉口两相位控制下交通冲突点　　　　　表 3-6

型式	相位	图示	冲突点	
2—2 型	第一相位	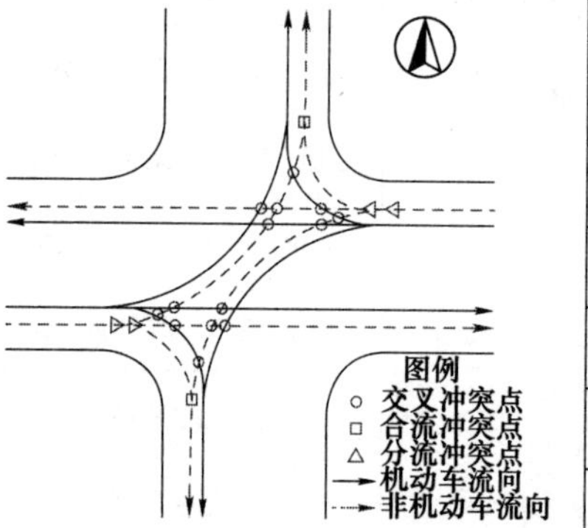	机动车与机动车交叉冲突点	2
			机动车与非机动车交叉冲突点	14
			机动车与行人交叉冲突点	6
			机动车合流冲突点	2
			机动车分流冲突点	4
			非机动车合流冲突点	2
			非机动车分流冲突点	4
	第二相位	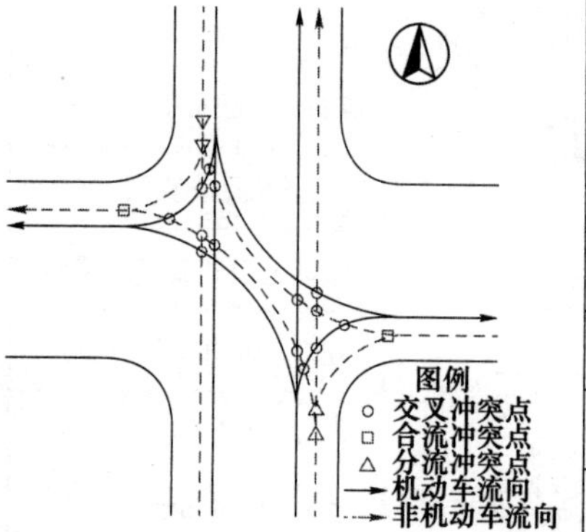	机动车与机动车交叉冲突点	2
			机动车与非机动车交叉冲突点	14
			机动车与行人交叉冲突点	6
			机动车合流冲突点	2
			机动车分流冲突点	4
			非机动车合流冲突点	2
			非机动车分流冲突点	4
4—4 型	第一相位	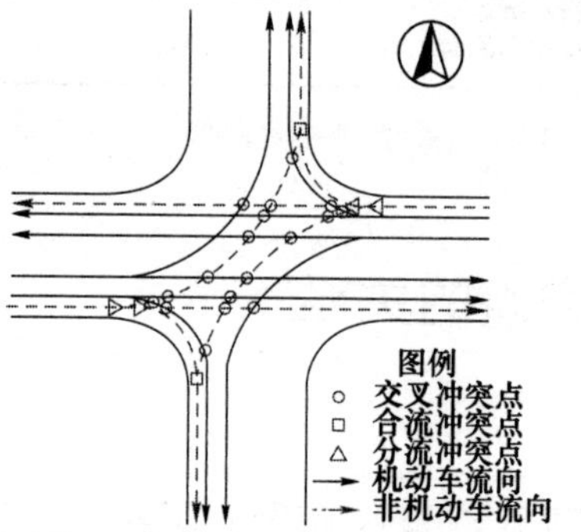	机动车与机动车交叉冲突点	4
			机动车与非机动车交叉冲突点	18
			机动车与行人交叉冲突点	8
			机动车合流冲突点	0
			机动车分流冲突点	4
			非机动车合流冲突点	2
			非机动车分流冲突点	4

续表

型式	相位	图示	冲突点	
4—4型	第二相位	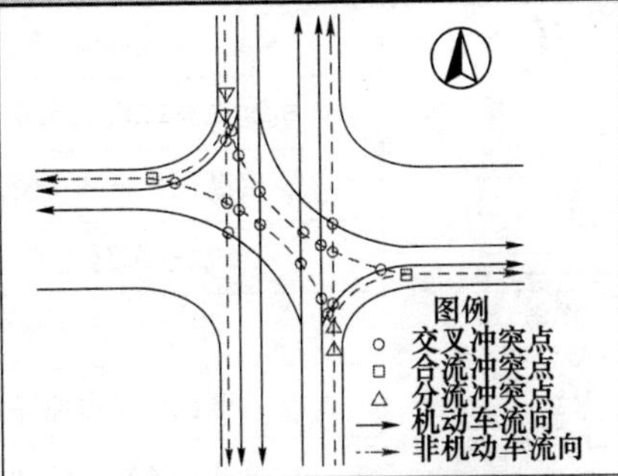	机动车与机动车交叉冲突点	4
			机动车与非机动车交叉冲突点	18
			机动车与行人交叉冲突点	8
			机动车合流冲突点	0
			机动车分流冲突点	4
			非机动车合流冲突点	2
			非机动车分流冲突点	4
6—6型	第一相位	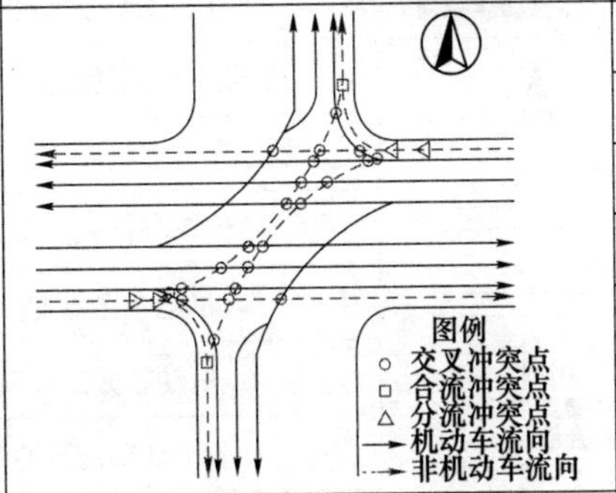	机动车与机动车交叉冲突点	6
			机动车与非机动车交叉冲突点	22
			机动车与行人交叉冲突点	10
			机动车合流冲突点	0
			机动车分流冲突点	6
			非机动车合流冲突点	2
			非机动车分流冲突点	4
	第二相位	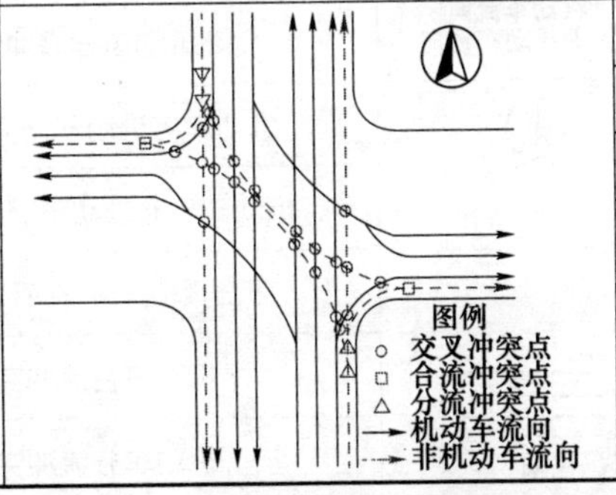	机动车与机动车交叉冲突点	6
			机动车与非机动车交叉冲突点	22
			机动车与行人交叉冲突点	10
			机动车合流冲突点	0
			机动车分流冲突点	6
			非机动车合流冲突点	2
			非机动车分流冲突点	4

4—2型、6—2型及6—4型非对称两相位交叉口见表3-7。

非对称交叉口两相位控制下交通冲突点　　表3-7

型式	相位	图示	冲突点	
4—2型	第一相位	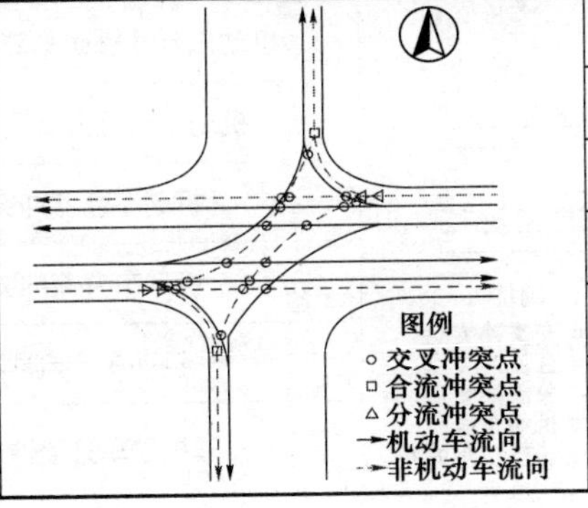	机动车与机动车交叉冲突点	4
			机动车与非机动车交叉冲突点	18
			机动车与行人交叉冲突点	6
			机动车合流冲突点	2
			机动车分流冲突点	4
			非机动车合流冲突点	2
			非机动车分流冲突点	4

续表

型式	相位	图示	冲突点	
4—2型	第二相位	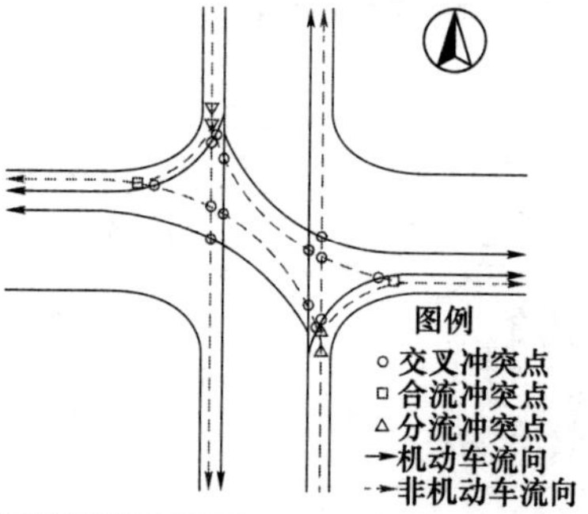	机动车与机动车交叉冲突点	2
			机动车与非机动车交叉冲突点	14
			机动车与行人交叉冲突点	8
			机动车合流冲突点	0
			机动车分流冲突点	4
			非机动车合流冲突点	2
			非机动车分流冲突点	4
6—2型	第一相位	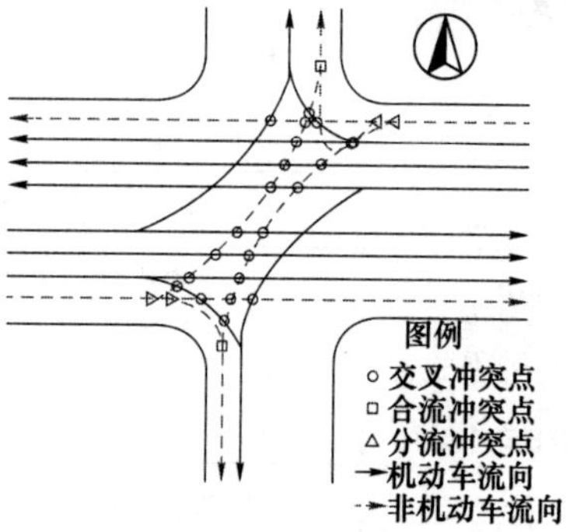	机动车与机动车交叉冲突点	6
			机动车与非机动车交叉冲突点	22
			机动车与行人交叉冲突点	6
			机动车合流冲突点	2
			机动车分流冲突点	4
			非机动车合流冲突点	2
			非机动车分流冲突点	4
	第二相位	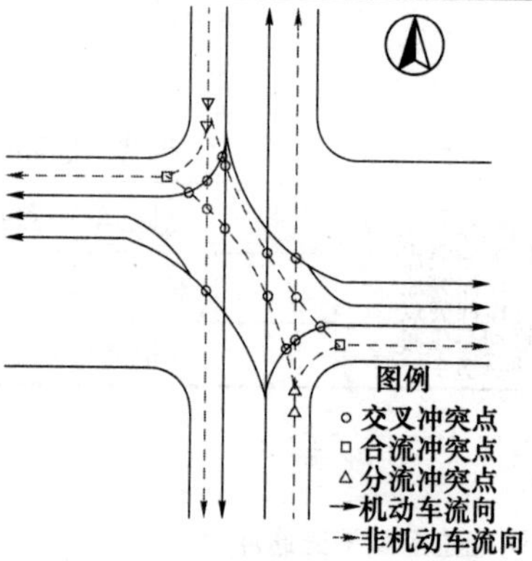	机动车与机动车交叉冲突点	2
			机动车与非机动车交叉冲突点	14
			机动车与行人交叉冲突点	10
			机动车合流冲突点	0
			机动车分流冲突点	6
			非机动车合流冲突点	2
			非机动车分流冲突点	4
6—4型	第一相位	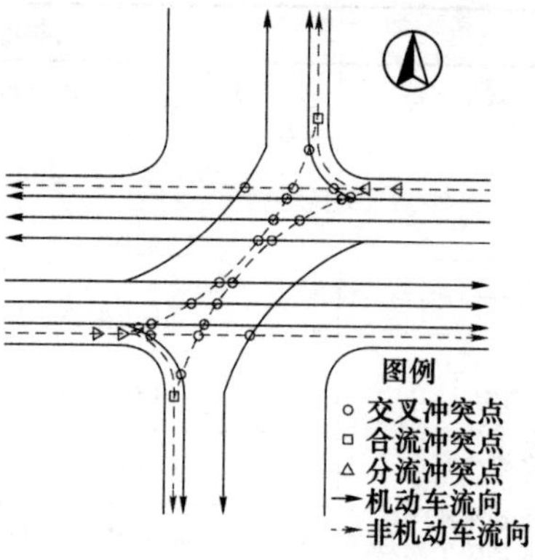	机动车与机动车交叉冲突点	6
			机动车与非机动车交叉冲突点	22
			机动车与行人交叉冲突点	8
			机动车合流冲突点	0
			机动车分流冲突点	4
			非机动车合流冲突点	2
			非机动车分流冲突点	4

续表

型式	相位	图示	冲突点	
6—4型	第二相位	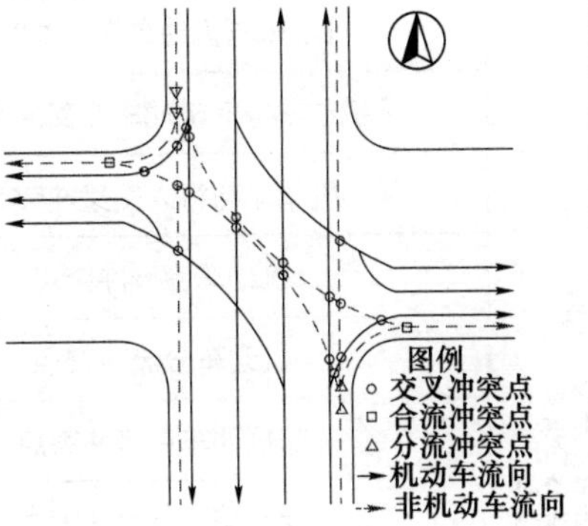	机动车与机动车交叉冲突点	4
			机动车与非机动车交叉冲突点	18
			机动车与行人交叉冲突点	10
			机动车合流冲突点	0
			机动车分流冲突点	6
			非机动车合流冲突点	2
			非机动车分流冲突点	4

图例：○ 交叉冲突点；□ 合流冲突点；△ 分流冲突点；→ 机动车流向；⇢ 非机动车流向

从表3-6、表3-7中的数据不难看出，两相位交叉口的冲突点符合表3-8所列的规律。

两相位交叉口冲突点数量规律表 表3-8

第一相位		
$N_{ja} = 2n_{laE}$	$N_{da} = \begin{cases} 4, & n_{laN}=1 \\ 2n_{laN}, & n_{laN}>1 \end{cases}$	$N_{ma} = \begin{cases} 2, & n_{laN}=1 \\ 0, & n_{laN}>1 \end{cases}$
$N_{jb} = 4n_{laE} + 10$	$N_{db} = 4$	$N_{mb} = 2$
$N_{jp} = 2(n_{laN}+2)$		
第二相位		
$N_{ja} = 2n_{laN}$	$N_{da} = \begin{cases} 4, & n_{laE}=1 \\ 2n_{laE}, & n_{laE}>1 \end{cases}$	$N_{ma} = \begin{cases} 2, & n_{laE}=1 \\ 0, & n_{laE}>1 \end{cases}$
$N_{jb} = 4n_{laN} + 10$	$N_{db} = 4$	$N_{mb} = 2$
$N_{jp} = 2(n_{laE}+2)$		

注：N_{ja}代表机动车与机动车交叉冲突点数；n_{laE}代表东进口道机动车车道条数；N_{da}代表交叉口机动车分流冲突点数；n_{laN}代表北进口道机动车车道条数；N_{ma}代表机动车合流冲突点数；N_{jb}代表非机动车与机动车、非机动车交叉冲突点数；N_{db}代表非机动车分流冲突点数；N_{mb}代表非机动车合流冲突点数；N_{jp}代表交叉口行人与机动车、非机动车交叉冲突点数。

3.2.2 四相位控制下交通冲突点

本书选取4—4型、6—4型及6—6型3种典型四相位交叉口为例，其冲突点见表3-9～表3-11。

4—4 型四相位交叉口交通冲突点　　　　　　表 3-9

相位	图示	冲突点	
第一相位	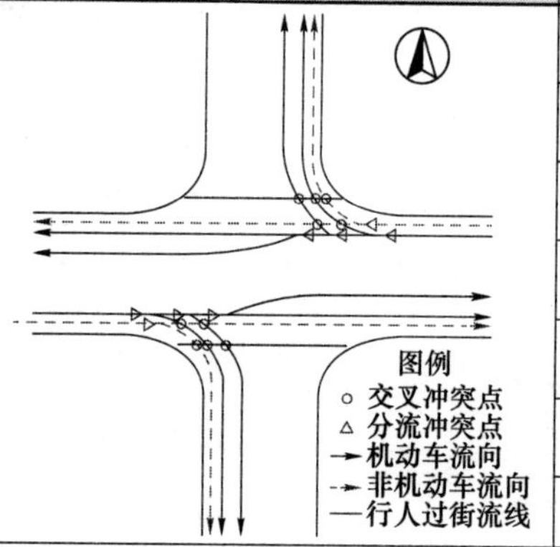	机动车与机动车交叉冲突点	0
		机动车与非机动车交叉冲突点	4
		机动车与行人交叉冲突点	6
		机动车合流冲突点	0
		机动车分流冲突点	6
		非机动车合流冲突点	0
		非机动车分流冲突点	2
第二相位	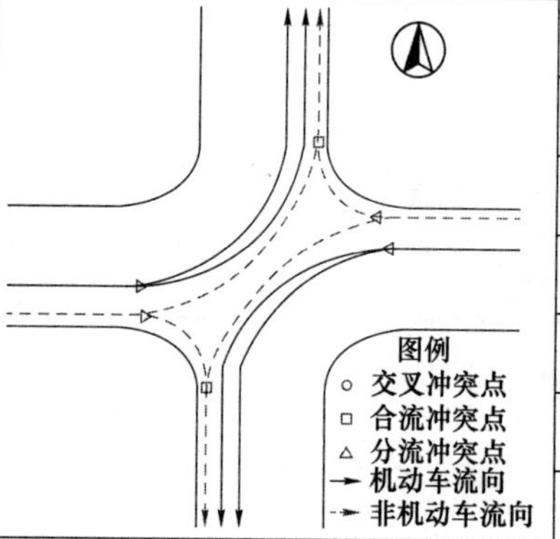	机动车与机动车交叉冲突点	0
		机动车与非机动车交叉冲突点	0
		机动车与行人交叉冲突点	0
		机动车合流冲突点	0
		机动车分流冲突点	2
		非机动车合流冲突点	2
		非机动车分流冲突点	2
第三相位	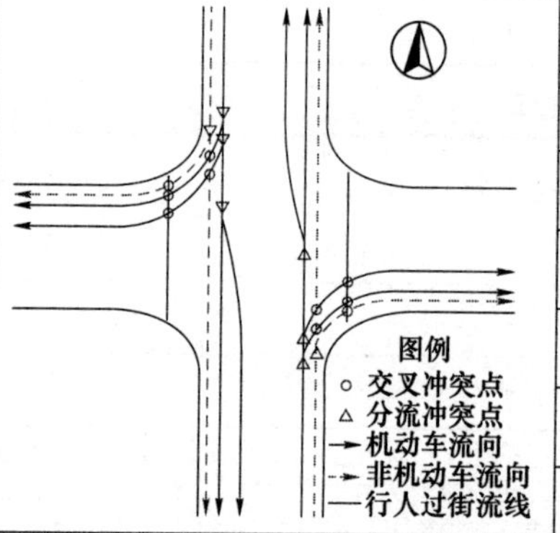	机动车与机动车交叉冲突点	0
		机动车与非机动车交叉冲突点	4
		机动车与行人交叉冲突点	6
		机动车合流冲突点	0
		机动车分流冲突点	6
		非机动车合流冲突点	0
		非机动车分流冲突点	2
第四相位	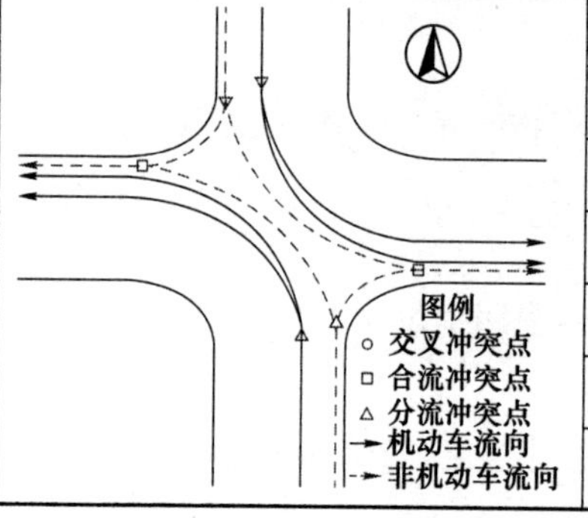	机动车与机动车交叉冲突点	0
		机动车与非机动车交叉冲突点	0
		机动车与行人交叉冲突点	0
		机动车合流冲突点	0
		机动车分流冲突点	2
		非机动车合流冲突点	2
		非机动车分流冲突点	2

6—4 型四相位交叉口交通冲突点　　　　　表 3-10

相位	图示	冲突点	
第一相位	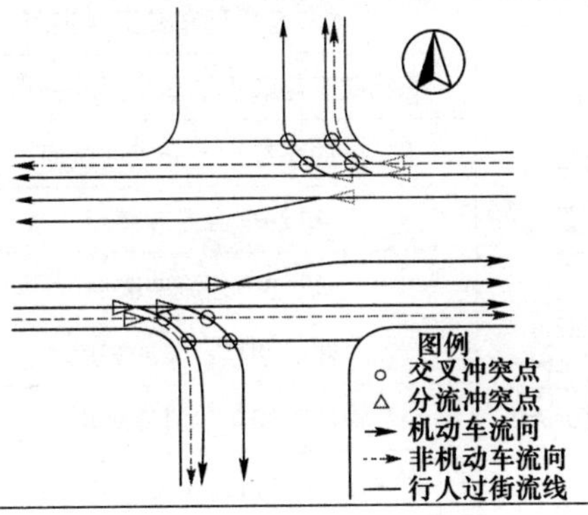	机动车与机动车交叉冲突点	0
		机动车与非机动车交叉冲突点	4
		机动车与行人交叉冲突点	6
		机动车合流冲突点	0
		机动车分流冲突点	6
		非机动车合流冲突点	0
		非机动车分流冲突点	2
第二相位	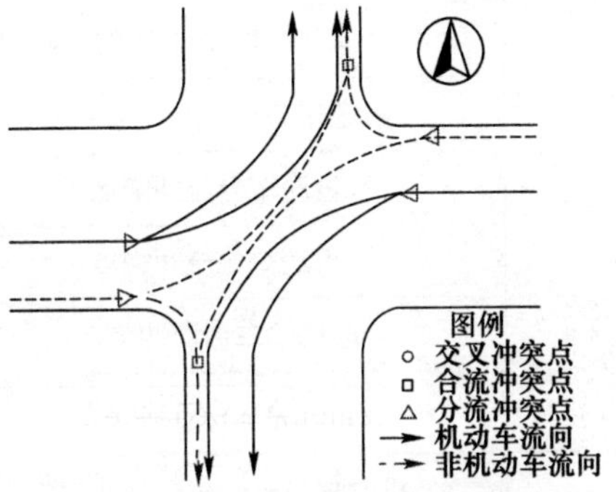	机动车与机动车交叉冲突点	0
		机动车与非机动车交叉冲突点	0
		机动车与行人交叉冲突点	0
		机动车合流冲突点	0
		机动车分流冲突点	2
		非机动车合流冲突点	2
		非机动车分流冲突点	2
第三相位	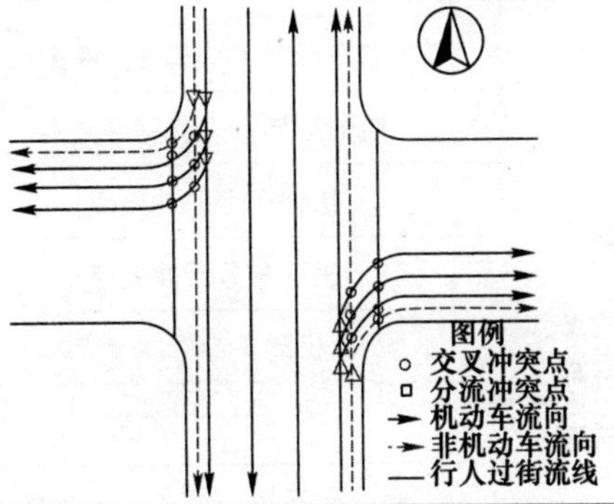	机动车与机动车交叉冲突点	0
		机动车与非机动车交叉冲突点	6
		机动车与行人交叉冲突点	8
		机动车合流冲突点	0
		机动车分流冲突点	6
		非机动车合流冲突点	0
		非机动车分流冲突点	2
第四相位	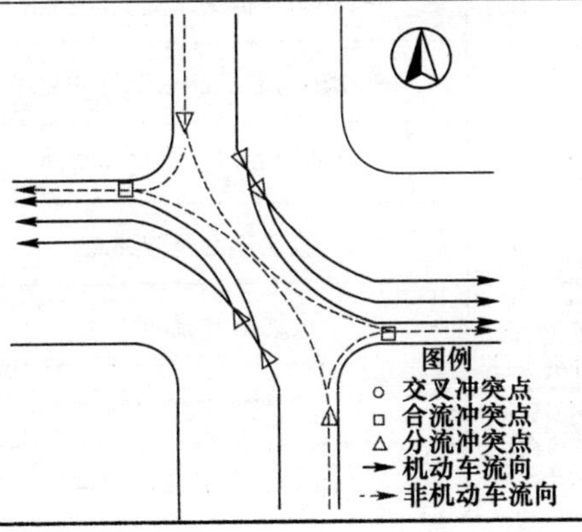	机动车与机动车交叉冲突点	0
		机动车与非机动车交叉冲突点	0
		机动车与行人交叉冲突点	0
		机动车合流冲突点	0
		机动车分流冲突点	4
		非机动车合流冲突点	2
		非机动车分流冲突点	2

6—6 型四相位交叉口交通冲突点　　　　　　　　表 3-11

相位	图示	冲突点	
第一相位	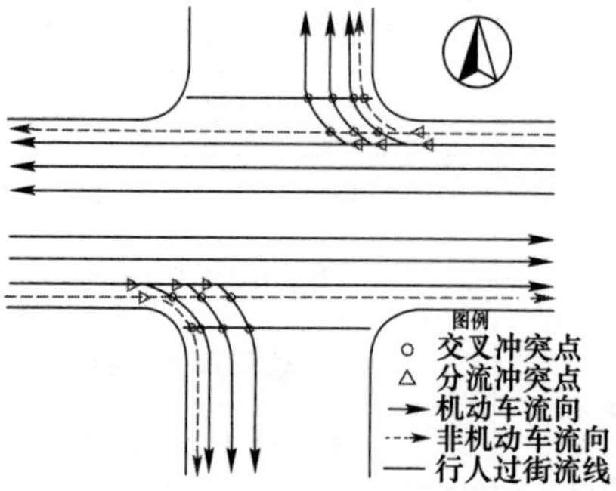	机动车与机动车交叉冲突点	0
		机动车与非机动车交叉冲突点	6
		机动车与行人交叉冲突点	8
		机动车合流冲突点	0
		机动车分流冲突点	6
		非机动车合流冲突点	0
		非机动车分流冲突点	2
第二相位	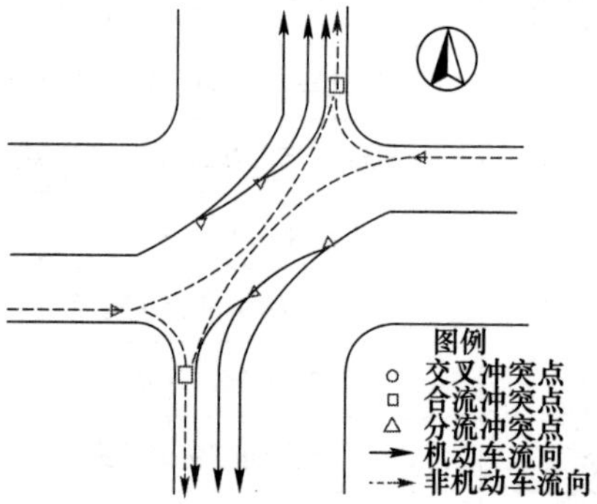	机动车与机动车交叉冲突点	0
		机动车与非机动车交叉冲突点	0
		机动车与行人交叉冲突点	0
		机动车合流冲突点	0
		机动车分流冲突点	4
		非机动车合流冲突点	2
		非机动车分流冲突点	2
第三相位	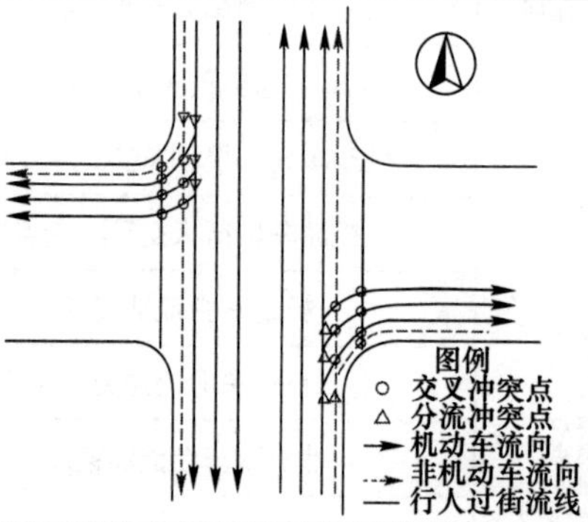	机动车与机动车交叉冲突点	0
		机动车与非机动车交叉冲突点	6
		机动车与行人交叉冲突点	8
		机动车合流冲突点	0
		机动车分流冲突点	6
		非机动车合流冲突点	0
		非机动车分流冲突点	2
第四相位	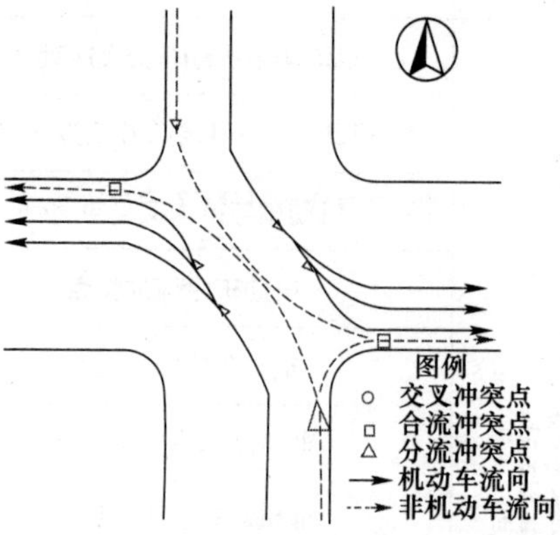	机动车与机动车交叉冲突点	0
		机动车与非机动车交叉冲突点	0
		机动车与行人交叉冲突点	0
		机动车合流冲突点	0
		机动车分流冲突点	4
		非机动车合流冲突点	2
		非机动车分流冲突点	2

对表 3-9～表 3-11 这 3 副表中数据进行分析，可发现四相位交叉口冲突点具有表 3-12 所列规律。

四相位交叉口冲突点分布规律表　　　　表 3-12

第一相位			第二相位		
$N_{ja} = 0$	$N_{da} = 6$	$N_{ma} = 0$	$N_{ja} = 0$	$N_{da} = 2(n_{laN} - 1)$	$N_{ma} = 0$
$N_{jb} = 2n_{laN}$	$N_{db} = 2$	$N_{mb} = 0$	$N_{jb} = 0$	$N_{db} = 2$	$N_{mb} = 2$
$N_{jp} = 2(n_{laN} + 1)$			—		
第三相位			第四相位		
$N_{ja} = 0$	$N_{da} = 6$	$N_{ma} = 0$	$N_{ja} = 0$	$N_{da} = 2(n_{laE} - 1)$	$N_{ma} = 0$
$N_{jb} = 2n_{laE}$	$N_{db} = 2$	$N_{mb} = 0$	$N_{jb} = 0$	$N_{db} = 2$	$N_{mb} = 2$
$N_{jp} = 2(n_{laE} + 1)$					

注：N_{ja} 代表机动车与机动车交叉冲突点数；n_{laE} 代表东进口道机动车车道条数；N_{da} 代表交叉口机动车分流冲突点数；n_{laN} 代表北进口道机动车车道条数；N_{ma} 代表机动车合流冲突点数；N_{jb} 代表非机动车与机动车、非机动车交叉冲突点数；N_{db} 代表非机动车分流冲突点数；N_{mb} 代表非机动车合流冲突点数；N_{jp} 代表交叉口行人与机动车、非机动车交叉冲突点数。

3.3 机动车与非机动车冲突区域

以上研究了机动车、非机动车及行人理论冲突点的数量及分布，但在实际的运行中，由于非机动车本身的特性，使得机动车与非机动车的实际冲突点与理论冲突点存在一定的差异，因此需研究在实际状态下机非冲突点的分布状况。

3.3.1 非机动车在交叉口的行驶特性

一般而言，非机动车在交叉口具有如下一些特点：

1. 摇摆性[100, 101]

非机动车是一种慢速交通工具，其轮胎与地面接触面积小，是一种不稳定的交通工具。非机动车在运行时靠车把来控制方向，因此在交叉口的行驶轨迹易呈现出蛇形。

2. 成群性[102]

相对于机动车而言，非机动车在交叉口处于弱势，因而骑行者具有一定的畏惧心理，这种畏惧心理会促使骑行者成群行驶。骑车人在从众心理作用下的成群行为，能够有效减少其畏惧心理。

3. 灵活性[103]

与机动车相比，非机动车是一种机动性和灵活性都很强的工具，易于转向、加速或减速。在机非混行的时候，如果机动车速度较低，骑车人可以在机动车的间隔中"穿行"。

4. 遵章性差

非机动车骑行人在交叉口易表现为意图较快穿越交叉口，在无交警及协管人员时，易出现闯红灯和在交叉口内抢行的违章现象。

5. 启动快[104]

与机动车相比，非机动车在交叉口启动较快。根据中国学者作的调查，非机动车在交叉口启动比机动车提前1s左右。

3.3.2 机动车与非机动车理论冲突点

在同一信号相位下，不同行驶方向的机动车与非机动车若要同时穿越交叉口，就存在争相抢占交叉口资源的问题，因而容易产生交通冲突。按照机动车与非机动车行驶方向的不同交通冲突大致可分为：右转机动车与同向直行非机动车，右转机动车与同向左转非机动车，右转机动车和对向左转非机动车，直行机动车与同向、对向左转非机动车，左转机动车与对向直行非机动车。

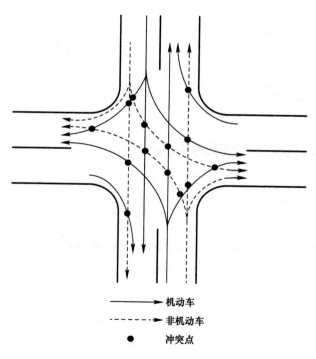

图3-1 典型两相位交叉口机非冲突点示意图

以典型的两相位双向两车道十字交叉口为例,从图 3-1 中可看出若非机动车按照固定的轨迹行驶,则机非冲突点数量为 14 个。

3.3.3 机动车与非机动车冲突区域

以上分析了机非冲突点的理论分布情形,但实际上由于非机动车行驶存在较大的随意性,使得其穿越交叉口的行驶轨迹并不固定,此时若机动车与非机动车发生冲突,二者冲突点的位置并非类似于机动车与机动车冲突点那样较为固定,而是分布在某些区域内,这样的区域称之为机非冲突区域。

对于研究机非冲突而言,如何界定冲突区域成了关键所在。若能获取每辆非机动车不同时刻在交叉口所处位置的实际坐标(大地坐标),将所有坐标点连接起来则可获得其行驶轨迹,从视频文件中采集的图片仅可获得非机动车在图片坐标系中的坐标(图像坐标),倘若能够寻求两个坐标系之间的转换关系,问题将迎刃而解,而摄影测量方法恰可解决这一问题。

1. 摄影测量基本原理

摄影测量是一种通过在图片的图像坐标和实际的大地坐标之间建立相互对应转换关系的方法,原理如下[105-107]:

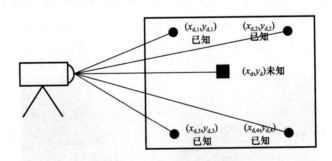

图 3-2 摄影测量标定示意图

如图 3-2 所示,设 x_t、y_t 为非机动车的图像坐标,x_d、y_d 为非机动车的大地坐标,两个坐标系的坐标可建立如下的关系:

$$x_d = \frac{C_1 + C_2 x_t + C_3 y_t}{C_4 x_t + C_5 y_t + 1} \tag{3-3}$$

$$y_d = \frac{C_6 + C_7 x_t + C_8 y_t}{C_4 x_t + C_5 y_t + 1} \tag{3-4}$$

式中 $C_1 \cdots\cdots C_8$——转换矩阵的系数。

为了求得转换矩阵的 8 个系数,可以选取 4 个已知点加以标定,由于已知点的图像坐标

（用软件打开图像即可获得标定点的图像坐标）及大地坐标（通过实际测量即可获得标定点的大地坐标）均为已知，通过下面的公式可获取转换矩阵的系数。

$$\begin{bmatrix} x_{d,1} \\ x_{d,2} \\ x_{d,3} \\ x_{d,4} \\ y_{d,1} \\ y_{d,2} \\ y_{d,3} \\ y_{d,4} \end{bmatrix} = \begin{bmatrix} 1 & x_{t,1} & y_{t,1} & -x_{t,1}x_{d,1} & -y_{t,1}x_{d,1} & 0 & 0 & 0 \\ 1 & x_{t,2} & y_{t,2} & -x_{t,2}x_{d,2} & -y_{t,2}x_{d,2} & 0 & 0 & 0 \\ 1 & x_{t,3} & y_{t,3} & -x_{t,3}x_{d,3} & -y_{t,3}x_{d,3} & 0 & 0 & 0 \\ 1 & x_{t,4} & y_{t,4} & -x_{t,4}x_{d,4} & -y_{t,4}x_{d,4} & 0 & 0 & 0 \\ 0 & 0 & 0 & -x_{t,1}y_{d,1} & -y_{t,1}y_{d,1} & 1 & x_{t,1} & y_{t,1} \\ 0 & 0 & 0 & -x_{t,2}y_{d,2} & -y_{t,2}y_{d,2} & 1 & x_{t,2} & y_{t,2} \\ 0 & 0 & 0 & -x_{t,3}y_{d,3} & -y_{t,3}y_{d,3} & 1 & x_{t,3} & y_{t,3} \\ 0 & 0 & 0 & -x_{t,4}y_{d,4} & -y_{t,4}y_{d,4} & 1 & x_{t,4} & y_{t,4} \end{bmatrix} \begin{bmatrix} C_1 \\ C_2 \\ C_3 \\ C_4 \\ C_5 \\ C_6 \\ C_7 \\ C_8 \end{bmatrix} \quad (3-5)$$

式中　$x_{t,1} \cdots x_{t,4}$、$y_{t,1} \cdots y_{t,4}$——第 1~4 个标定点的图像坐标；

$x_{d,1} \cdots x_{d,4}$、$y_{d,1} \cdots y_{d,4}$——第 1~4 个标定点的大地坐标。

选定的 4 个标定点需满足下式，即 4 点不能共线。

$$\begin{bmatrix} C_1 & C_1 & C_1 \\ C_6 & C_7 & C_8 \\ C_4 & C_5 & 1 \end{bmatrix} \neq 0 \quad (3-6)$$

2. 已知点标定

以进香河路—学府路两相位交叉口为例，选取南北人行横道的端点为已知点，从而可保证 4 个标定点所围区域包括所有的机非冲突区域。4 个已知点的位置及坐标如图 3-3 所示。

图 3-3　交叉口标定点位置

通过对图像文件的软件处理及交叉口的实际测量，已知点的图像坐标（像素）及大地坐标（m）（图 3-4）为：

$x_{t,1}=295$，$y_{t,1}=490$；$x_{t,2}=127$，$y_{t,2}=510$；$x_{t,3}=840$，$y_{t,3}=511$；$x_{t,4}=977$，$y_{t,4}=543$。$x_{d,1}=0$，$y_{d,1}=0$；$x_{d,2}=27.4$，$y_{d,2}=0$；$x_{d,3}=0$，$y_{d,3}=15.6$；$x_{d,4}=27.4$，$y_{d,4}=15.6$。

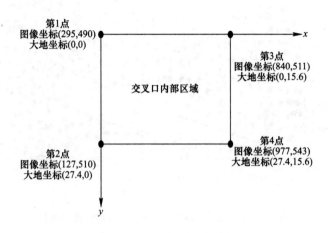

图 3-4　标定点图像及大地坐标系

从而可求得转换矩阵 T：

$$T=\begin{bmatrix}C_1\\C_2\\C_3\\C_4\\C_5\\C_6\\C_7\\C_8\end{bmatrix}=\begin{bmatrix}18.495\\-4.193\times10^{-3}\\-3.522\times10^{-2}\\8.811\times10^{-5}\\-2.318\times10^{-3}\\48.201\\3.881\times10^{-3}\\-0.1007\end{bmatrix} \tag{3-7}$$

3. 非机动车行驶区域

选取视频文件中具有代表性的 5min 间隔作为研究时间段，每 1s 采集 1 幅图片，共采集到 300 幅图片，602 个非机动车图像坐标及相应数量的大地坐标。非机动车行驶区域是指有较多的非机动车穿越交叉口时选择的区域，因此较为集中的坐标点予以保留，去除其余较为分散的点，结果如图 3-5 所示（注：整个矩形区域为交叉口研究区域，其中坐标值代表非机动车在交叉口的实际位置）。

本节主要研究交叉口左转非机动车与直行机动车的冲突。通过对于视频文件的观察，可将左转非机动车穿越交叉口行为大致分为三类：

（1）从停车线直接左转

这类非机动车主要集中在绿灯中期或末期，此时由于交叉口机动车较少，能够为其提供合适的左转机会。

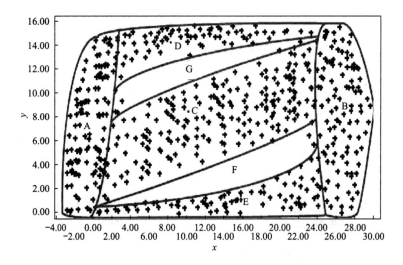

图 3-5　交叉口非机动车散点聚集区域划分图（m）

(2) 先直行再左转

这类非机动车主要集中在绿灯初期，此时机动车流量较大，非机动车难以寻找合适的机会左转，另外迫于红灯期间后面排队非机动车的压力，因而一般不会选择停留在停车线等待机会左转，而是先直行一段距离，在直行的过程中寻找合适的机会左转。

(3) 先直行而后停车等待最后直行

若第二类非机动车在直行过程中没有寻找到左转的机会，其将继续直行至对向人行横道，而后停车等待直到机动车较少时沿人行横道直行通过交叉口。

如图 3-5 所示，第一种类型的非机动车其行驶轨迹基本集中于区域 C 中，第二种类型非机动车其直行轨迹集中于区域 A 及区域 B 中，左转轨迹集中于区域 C 中，第三种类型的非机动车其直行轨迹集中于区域 A 及区域 B 中，而其穿越交叉口的轨迹则集中于区域 D 及 E 中。而对于区域 G 及 F 而言，由于其离交叉口边缘较近，非机动车不易左转，若有穿越机会则会在 C 区左转，否则将继续直行至人行横道等待，因此非机动车较少占用这两个区域的资源左转。

4. 机非冲突区域

在描绘出左转非机动车在交叉口内部的行驶区域后，根据机动车道的设置，可确定机动车与非机动车的机非冲突区域，如图 3-6 所示（注：整个矩形区域为交叉口研究区域，其中坐标值代表非机动车在交叉口的实际位置），其中阴影部分即为南进口直行机动车与左转非机动车的冲突区域。

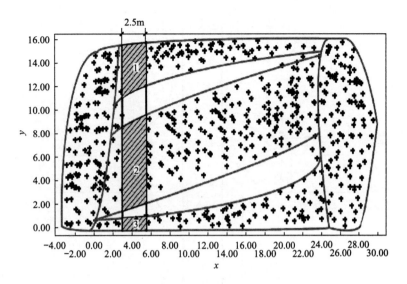

图 3-6　交叉口机非冲突区域（m）

3.4　机动车与行人冲突区域

3.4.1　机动车与行人理论冲突点

通常情况下,机动车与行人的冲突主要发生在人行横道上,其冲突主要包括以下三类：(1)本向左转机动车与行人的冲突；(2)本向右转机动车与行人的冲突；(3)右侧相邻进口右转机动车与行人的冲突。

以典型的四路双向两车道两相位交叉口为例,如图 3-7 所示,机动车与双向行人的冲突点数量为 12 个。

3.4.2　机动车与行人冲突区域

在实际情况下,行人沿人行横道行走不可能排成一个队列行走,而是在此范围内随机选择行走路线,因此行人与机动车的冲突点并不是固定在某一位置,而是集中在某一区域内。以进香河—学府路交叉口为例,西侧左转机动车与东西向北侧人行横道行人的冲突区域如图 3-8 所示。

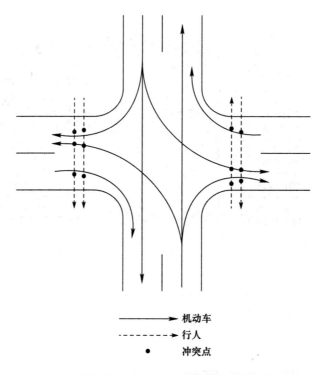

图 3-7　典型两相位交叉口机动车与行人冲突点示意图

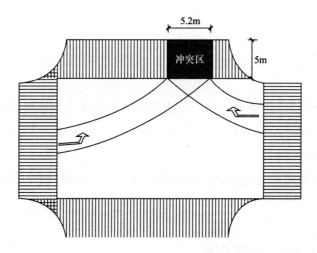

图 3-8　机动车—行人冲突区示意图

4 城市道路交叉口冲突概率

通过上一章的研究,可得出不同类型不同方向的冲突交通流其冲突点及冲突区域的分布状况。对于这些冲突点或冲突区域而言,冲突交通流在此是否会发生冲突?若发生冲突,其冲突概率为多大?影响冲突概率的因素又是什么?本章主要从微观的交通流运行特性角度对以上的问题作较为详细的分析。

4.1 机动车与机动车冲突概率

4.1.1 机动车与机动车冲突条件

如图 4-1 所示,假设两车同时从停车线出发驶入交叉口,为保证冲突车流在冲突点 P_c 不发生碰撞,必须满足[108]:

$$t_{EA}+t_A \geqslant t_{EF}+t_F+t_c \tag{4-1}$$

式中 t_{EA}——后车进入交叉口的时刻;

t_A——后车从停车线到冲突点的行驶时间;

t_{EF}——前车进入交叉口的时刻;

t_F——前车从停车线到冲突点的行驶时间;

t_c——后车车流穿越前车车流的临界间隙。

从公式可以看出,$t_{EA}+t_A$ 为后车经过冲突点的时刻,$t_{EF}+t_F$ 为前车通过冲突点的时刻,二者的时刻差必须大于临界间隙才能保证不会发生冲突。

与之相反,若:

$$t_{EA}+t_A < t_{EF}+t_F+t_c \tag{4-2}$$

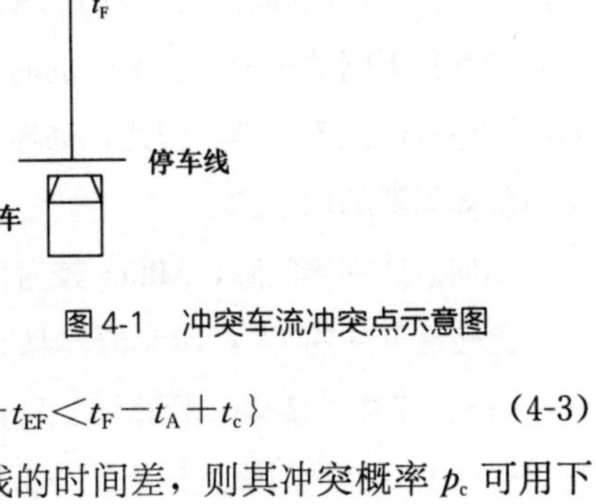

图 4-1 冲突车流冲突点示意图

车流则会发生冲突,其冲突概率 p_c 为:

$$p_c = p\{t_{EA}+t_A < t_{EF}+t_F+t_c\} = p\{t_{EA}-t_{EF} < t_F-t_A+t_c\} \tag{4-3}$$

若冲突车流随机越过停车线,设 t_Δ 为两车到达停车线的时间差,则其冲突概率 p_c 可用下式表示：

$$p_c = p\{t_{EA} + t_A < t_{EF} + t_F + t_c + t_\Delta\} = p\{t_{EA} - t_{EF} < t_F - t_A + t_c + t_\Delta\} \quad (4\text{-}4)$$

t_{EA}、t_{EF} 可由车流的车头时距加以表征，而车头时距本身为一随机变量，故 $t_{EA} - t_{EF}$ 亦为一随机变量，如何获得 $t_{EA} - t_{EF}$ 的分布规律对于 p_c 的求解至关重要。若冲突车流的车头时距概率密度函数分别为 $f(t)$、$f(t')$，则冲突概率 p_c 为：

$$p_c = \int_0^{+\infty} \left(\int_0^{t_F - t_A + t_c + t'} f(t) \mathrm{d}t \right) f(t') \mathrm{d}t' \quad (4\text{-}5)$$

冲突概率计算公式中，t_A、t_F 及 t_Δ 可通过交通调查获得，关键则在于 $f(t)$、$f(t')$ 及 t_c 的获取。

假设两股车流（假设为第一股及第二股）的车辆数分别为 n 辆与 m 辆，第一股的第 i 辆车与第二股的第 j 辆车的冲突概率为 p_{ij}，则第一股车流第一辆车与第二股车流的冲突概率为：

$$p_1 = p_{11} + (1-p_{11})p_{12} + (1-p_{11})(1-p_{12})p_{13} + \cdots\cdots + (1-p_{11})(1-p_{12})\cdots\cdots(1-p_{1,m-1})p_{1m} \quad (4\text{-}6)$$

同样可定义 p_2、p_3……p_n，则两股车流的平均冲突概率为：

$$p_c = p_1 + (1-p_1)p_2 + (1-p_1)(1-p_2)p_3 + \cdots\cdots + (1-p_1)(1-p_2)\cdots\cdots(1-p_{n-1})p_n \quad (4\text{-}7)$$

4.1.2 临界间隙

临界间隙常应用于具有明显主次车车流的无控制交叉口，定义为交叉口允许次要车流车辆等待穿越主要车流的最小间隙，是指在主要车流中出现的驾驶员能接受的最小间隙。一般情况下，驾驶员会拒绝一个小于临界间隙的时间间隔而接受一个大于临界间隙的时间间隔[109]。对于设置许可型转弯的交叉口，根据美国通行能力手册及我国的交通法规规定[110]：左转车辆不得妨碍反向车直行，但可利用反向车流中的合适间隙左转。按照临界间隙的定义，可以视左转车为次要车流，对向直行车为主要车流，临界间隙即为左转车穿越对向直行车的最小间隙。

临界间隙并非常量。对于不同的交叉口，其临界间隙一般不同；对于同一交叉口而言，不同的驾驶员选择的临界间隙亦有可能不同；即使对于同一交叉口的同一驾驶员，在不同条件下，如驾驶不同的车辆、在不同的时间段、在不同的光照或者不同的天气条件等，其接受的临界间隙也有可能不一样。因此，临界间隙是一个随机变量，可以通过一定的观测数据来分析交叉口临界间隙的均值。

如何估计临界间隙，Miller 较为系统地阐述了早期的方法，以后又出现了一些新的估计方法。比较常见的有[111]：最大似然估计法、Siegloch 计算法、Ashworth 计算法、Raff 计算法、Harders 计算法、Hewitt 计算法、Logit Model 计算法。以上方法的共同点都是基于数据调查，对接受间隙及拒绝间隙进行统计分析得出的。

4.2 机动车与机动车冲突概率实例

现以进香河—学府路交叉口为例,选取该交叉口南进口直行机动车与北进口左转机动车这两股冲突车流,研究冲突概率的具体求解过程及方法。

4.2.1 机动车到达冲突点规律

1. 南进口直行车流进入交叉口规律

通过对视频文件的采集,共获取该交叉口南进口直行机动车流车头时距的有效样本为709个(表4-1)。为了能够大致判断车头时距的分布趋势,首先对数据进行统计分析及绘制样本的频数直方图,如图4-2所示。

进香河—学府路交叉口南进口直行车道车头时距统计分析表　　　　表4-1

统计参数	样本量	均值	方差	标准差	偏度	峰度	极差
车头时距(s)	709	4.05	4.56	2.14	0.86	0.28	9.56
对数车头时距(s)	709	1.25	0.31	0.56	-0.34	-0.27	2.66

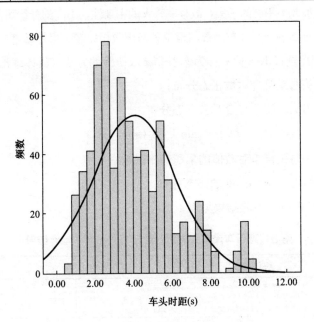

图4-2　南进口直行车头时距直方图

从统计分析结果及直方图可以看出，车头时距不服从正态分布。对车头时距取对数后绘制样本的对数频数直方图，如图 4-3 所示。

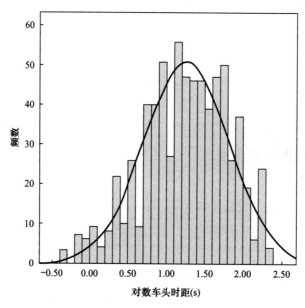

图 4-3　南进口直行对数车头时距直方图

从直方图的分布可以看出，对数车头时距的分布规律与正态分布走向较为一致。故可先假设对数车头时距符合正态分布，即车头时距符合对数正态分布。为了验证假设是否合理，需做非参数检验。一般非参数检验的方法有 χ^2 检验和 K-S 检验（Kolmogorov-Smirnov），由于 χ^2 检验需将样本空间分成彼此不相交的子集，故存在较大的主观性，不同的分组可能导致不同的检验结果。而 K-S 检验是将样本的累积分布函数与理论分布函数相比较，根据二者之间的差值确定是否符合假设的分布，因此选择 K-S 检验作为本书非参数检验的方法（具体理论推导参阅附录 1）：

原假设 H_0：车头时距符合对数正态分布；

拒绝假设 H_1：车头时距不符合对数正态分布。

检验统计量：
$$D_n = \sup_{-\infty < x < +\infty} |S_n(x) - F(x)| \tag{4-8}$$

式中　$S_n(x)$——车头时距样本对数值的累积频率函数；

$F(x)$——$\mu = 1.25$，$\sigma = 0.56$ 的正态分布。

显著性水平：$\alpha = 0.05$。检验结果见表 4-2。

表 4-2　南进口直行车流车头时距对数正态分布 K-S 检验结果

统计参数		数值
样本数（个）		709
参数值（s）	均值	1.25
	标准差	0.56

续表

统计参数		数值
最大差值（s）	绝对值	0.05
	最大正值	0.03
	最大负值	−0.05
统计量数值		1.23
双尾渐进概率		0.10

双尾渐进概率 0.10>α=0.05，因此可认为样本是来自于 μ=1.25，σ=0.56 的正态分布。即：

$$f(t)=\frac{1}{0.56t\sqrt{2\pi}}e^{-\frac{(\ln t-1.25)^2}{0.63}} \tag{4-9}$$

式中　t——南进口直行车头时距；

$f(t)$——车头时距概率密度函数。

2. 北进口左转车流进入交叉口规律

北进口左转机动车车头时距有效样本数为 162 个（表 4-3），从车头时距对数值的统计分析及直方图分布可以看出，对数车头时距较为符合正态分布的特点，如图 4-4 及图 4-5 所示。

进香河—学府路交叉口北进口左转车道车头时距统计分析表　　表 4-3

统计参数	样本数	均值	方差	标准差	偏度	峰度	极差
车头时距（s）	162	7.53	29.27	5.41	−0.61	0.75	19.64
对数车头时距（s）	162	1.71	0.76	0.86	−0.66	0.53	4.60

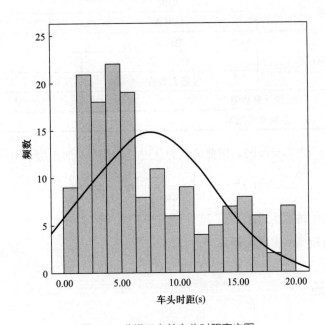

图 4-4　北进口左转车头时距直方图

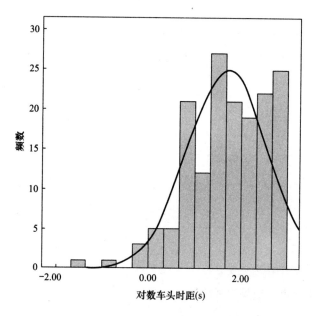

图 4-5　北进口左转对数车头时距直方图

以 K-S 检验为检验方法验证是否服从对数正态分布，结果见表 4-4。

北进口左转车头时距对数正态分布 K-S 检验结果　　表 4-4

统计参数		对数车头时距
	样本数（个）	162
参数值（s）	均值	1.71
	标准差	0.86
最大差值（s）	绝对值	0.07
	最大正值	0.07
	最大负值	−0.07
统计量数值		0.88
双尾渐进概率		0.42

双尾渐进概率 $0.42 > \alpha = 0.05$，因此可认为北进口左转车头时距服从对数正态分布，故：

$$f(t') = \frac{1}{0.86 t' \sqrt{2\pi}} e^{\frac{-(\ln t' - 1.71)^2}{1.49}} \tag{4-10}$$

式中　t'——北进口左转车头时距；
　　　$f(t')$——车头时距概率密度函数。

4.2.2　临界间隙

本书以 Raff 方法为理论依据进行临界间隙的分析。假设接受间隙及拒绝间隙累积频率分

布函数分别为 $F_a(t)$ 及 $F_r(t)$，首先以 2s 为一个区间将接受间隙及拒绝间隙进行划分，然后以划分区间为统计单位统计接受间隙及拒绝间隙的累积频率百分数，并将 $F_a(t)$ 及 $1-F_r(t)$ 绘于同一个坐标系中，其交点即为临界间隙。

累积百分率表　　　　　　　　　　　　　　　表 4-5

间隙（s）	累积接受百分率（%）	累积拒绝百分率（%）
0	0.00	100.00
2	0.00	55.70
4	34.21	4.43
6	81.58	0.00
8	97.37	0.00
10	100.00	0.00

将表 4-5 中的数据绘成接受间隙及拒绝间隙累积概率曲线，则两条曲线的交点的横坐标即为临界间隙的数值，如图 4-6 所示。

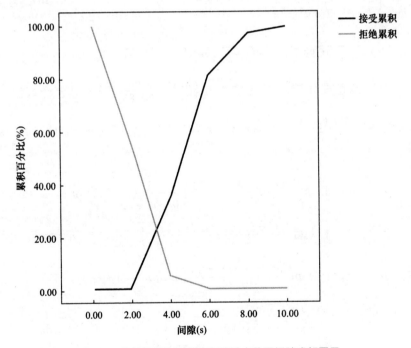

图 4-6　左转机动车穿越直行机动车临界间隙求解图示

从图 4-6 中可得出，临界间隙的数值 $t_c=3.6\text{s}$。

4.2.3　停车线至冲突点行驶时间

t_A 为后车从停车线到冲突点的行驶时间，t_F 为前车从停车线到冲突点的行驶时间，可通过具体调查获取。通过 45 个周期的数据统计分析，最终得到 $t_F=2.86\text{s}$，$t_A=3.42\text{s}$。

4.2.4 冲突概率

根据以上的研究，此时南进口直行车头时距的概率密度函数为：

$$f(t)=\frac{1}{0.56t\sqrt{2\pi}}e^{\frac{-(\ln t-1.25)^2}{0.63}} \tag{4-11}$$

北进口左转车头时距的概率密度函数为：

$$f(t')=\frac{1}{0.86t'\sqrt{2\pi}}e^{\frac{-(\ln t'-1.71)^2}{1.49}} \tag{4-12}$$

令 $T=t_F-t_A+t_c=3.04\text{s}$，则：

$$\begin{aligned}
p_c &= \int_0^{+\infty}\left(\int_0^{3.04+t'}f(t)\text{d}t\right)f(t')\text{d}t' \\
&= \int_0^{+\infty}\left(\int_0^{3.04+t}\frac{1}{0.86t'\sqrt{2\pi}}e^{\frac{-(\ln t'-1.71)^2}{1.49}}\text{d}t'\right)\frac{1}{0.56t\sqrt{2\pi}}e^{\frac{-(\ln t-1.25)^2}{0.63}}\text{d}t \\
&= \int_0^{+\infty}\Phi\left(\frac{\ln(t+3.04)-1.71}{0.86}\right)\frac{1}{0.56t\sqrt{2\pi}}e^{\frac{-(\ln t-1.25)^2}{0.63}}\text{d}t
\end{aligned} \tag{4-13}$$

由于积分项不易直接计算，故先需对 $\Phi\left(\frac{\ln(t+3.04)-1.71}{0.86}\right)$ 进行数值处理，由于 $\Phi(3\sigma)\approx 1$，故以 $\frac{\ln(t+3.04)-1.71}{0.86}=3\sigma\approx 2.6$ 为界对积分进行区间划分，此时 $t=49\text{s}$，则冲突概率变为：

$$\begin{aligned}
p_c = &\int_0^{49}\Phi\left(\frac{\ln(t+3.04)-1.71}{0.86}\right)\frac{1}{0.56t\sqrt{2\pi}}e^{\frac{-(\ln t-1.25)^2}{0.63}}\text{d}t+ \\
&\int_{49}^{+\infty}\Phi\left(\frac{\ln(t+3.04)-1.71}{0.86}\right)\frac{1}{0.56t\sqrt{2\pi}}e^{\frac{-(\ln t-1.25)^2}{0.63}}\text{d}t
\end{aligned} \tag{4-14}$$

对于 $t\in(49,+\infty)$，此时 $\Phi\left(\frac{\ln(t+3.04)-1.71}{0.86}\right)\approx 1$，故可简化为：

$$p_c=\int_0^{49}\Phi\left(\frac{\ln(t+3.04)-1.71}{0.86}\right)\frac{1}{0.56t\sqrt{2\pi}}e^{\frac{-(\ln t-1.25)^2}{0.63}}\text{d}t+\int_{49}^{+\infty}\frac{1}{0.56t\sqrt{2\pi}}e^{\frac{-(\ln t-1.25)^2}{0.63}}\text{d}t \tag{4-15}$$

而对于 $t\in[0,49]$ 而言，$\Phi(C)$ 的值见表 4-6，其中 $C=\frac{\ln(t+3.04)-1.71}{0.86}$。

冲突概率数值计算表　　　　　　　　　　　表 4-6

t	C	$\Phi(C)$	t	C	$\Phi(C)$	t	C	$\Phi(C)$
0	-0.70	0.24	2	-0.11	0.46	4	0.28	0.61
1	-0.36	0.35	3	0.10	0.54	5	0.44	0.67

续表

t	C	Φ(C)	t	C	Φ(C)	t	C	Φ(C)
6	0.57	0.72	21	1.71	0.96	36	2.27	0.99
7	0.69	0.75	22	1.76	0.96	37	2.30	0.99
8	0.80	0.79	23	1.80	0.96	38	2.33	0.99
9	0.90	0.82	24	1.85	0.97	39	2.36	0.99
10	1.00	0.84	25	1.89	0.97	40	2.39	0.99
11	1.08	0.86	26	1.93	0.97	41	2.41	0.99
12	1.16	0.88	27	1.97	0.98	42	2.44	0.99
13	1.24	0.89	28	2.01	0.98	43	2.46	0.99
14	1.31	0.9	29	2.04	0.98	44	2.49	0.99
15	1.38	0.92	30	2.08	0.98	45	2.51	0.99
16	1.44	0.93	31	2.11	0.98	46	2.54	0.99
17	1.50	0.93	32	2.15	0.98	47	2.56	0.99
18	1.55	0.94	33	2.18	0.99	48	2.58	0.99
19	1.61	0.95	34	2.21	0.99	49	2.61	0.99
20	1.66	0.95	35	2.24	0.99	—	—	—

从表 4-6 中不难看出，其实从 $t=14s$ 开始，$\Phi(C)$ 的值已经超过 0.9，因此，为了便于计算，可以简单认为 $t=14s$ 以后的 $\Phi(C)$ 值近似为 1，而在 $t=14s$ 之前的 $\Phi(C)$ 可取平均值，则：

$$p_c = \int_0^{14} 0.69 \times \frac{1}{0.56t\sqrt{2\pi}} e^{\frac{-(\ln t-1.25)^2}{0.63}} dt + \int_{14}^{+\infty} \frac{1}{0.56t\sqrt{2\pi}} e^{\frac{-(\ln t-1.25)^2}{0.63}} dt$$

$$= 1 - \int_0^{14} 0.31 \times \frac{1}{0.56t\sqrt{2\pi}} e^{\frac{-(\ln t-1.25)^2}{0.63}} dt$$

$$= 0.69 \tag{4-16}$$

假设冲突车辆数量分别为 $n=2$，$m=2$，则：

$$p_1 = 0.69 + (1-0.69) \times 0.69 = 0.90 \tag{4-17}$$

$$p_c = 0.90 + (1-0.90) \times 0.90 = 0.99 \tag{4-18}$$

若两股车辆不同时到达停车线，t_Δ 代表车流越过停车线的时间差，此时，$T=3.04+t_\Delta$，则其冲突概率见表 4-7。

随机穿越停车线对应的冲突概率　　　　　表 4-7

t_Δ	1	2	3	4	5	6	7	8	9	10
T	3.04	4.04	5.04	6.04	7.04	8.04	9.04	10.04	11.04	12.04
p_c	0.67	0.66	0.64	0.62	0.6	0.57	0.54	0.51	0.48	0.44

4.3 机动车与非机动车冲突概率

4.3.1 机动车与非机动车冲突条件

若机动车与非机动车发生冲突,需满足以下两个条件:
(1) 在非机动车占用冲突区的时段内有机动车到达冲突区。
(2) 到达冲突区的机动车提供的车头时距需不大于非机动车穿越机动车的临界间隙。
即:

$$t \leqslant T$$
$$t \leqslant t_c \quad (4-19)$$

式中 t——机动车车头时距;

T——非机动车占用冲突区时间;

t_c——左转非机动车穿越机动车临界间隙。

此时,冲突概率为:

$$p_c = p(t \leqslant \min\{T, t_c\})$$
$$= \int_0^{\min\{T, t_c\}} f(t) \mathrm{d}t \quad (4-20)$$

从计算公式中可看出,T、t_c 及 $f(t)$ 是求解冲突概率的关键参数,其中 $f(t)$ 及 t_c 的获取与上一节研究相似,因此重点则要解决非机动车占用冲突区时间 T 的求解。

4.3.2 非机动车占用冲突区时间

对于非机动车而言,较易测量的参数为流量,因此若能得出非机动车流量、速度及密度三者的关系,则可较易获得非机动车在冲突区的行驶速度,其非机动车占用冲突区时间则迎刃而解。

假设非机动车 Q、v、及 k 三者之间的关系模型已经获得,即根据流量可求解其行驶速度,但由于骑车者选择路径的随意性使得其在冲突区行驶轨迹的长度难以确定,故冲突区占用时间 $T = S/v$ 较难确定,因此需寻求其他可替代的参数。替代的参数一方面能够求得非机动车 Q、v 及 k 三者之间的关系模型,另一方面亦能获得其在冲突区的占用时间。

如图 4-7 所示,假设有两条非机动车行驶轨迹 S_1 及 S_2,现将非机动车速度分解为东西及南北互相垂直的两个方向,表示为 v_{dx}、v_{nb},从图 4-7 中可看出满足以下关系:

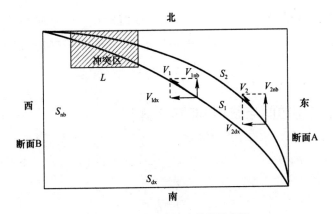

图 4-7　非机动车速度分解示意图

$$\frac{S}{v}=\frac{S_{dx}}{v_{dx}}=\frac{S_{nb}}{v_{nb}} \tag{4-21}$$

式中　S_{dx}——非机动车在东西方向行驶的距离；

S_{nb}——非机动车在南北方向行驶的距离。

由于冲突区尺寸较易测量，不妨假设东西向尺寸是已知数，此时若能获得非机动车东西向的速度，则其冲突区占用时间就能求得，因此问题的关键在于如何获得非机动车流量、东西向速度及密度的关系。由于左转非机动车若能穿越交叉口，其必须穿越交叉口东西方向的边界，因此，实现左转的非机动车流量实际就是所有穿越图中断面 A 或者 B 的非机动车流量。通过摄影测量的方法可得到各个时刻交叉口内部的非机动车数量以及在东西向的坐标，因而容易求得其密度及东西向速度，故可求得三者之间的关系模型。

通过采集视频文件可获得若干有效图像文件，对于第 j 幅图像而言，可定义密度与速度如下：

$$k_j=\frac{1000m_j}{NL} \tag{4-22}$$

$$v_j=\frac{1}{m_j}\sum_{n=1}^{m_j}v_{j,n} \tag{4-23}$$

$$v_{j,n}=\frac{|x_{j-1,n}-x_{j+1,n}|}{2} \tag{4-24}$$

式中　k_j——第 j 幅图像中的非机动车密度；

v_j——第 j 幅图像中的非机动车速度；

m_j——第 j 幅图像中的非机动车数量；

N——交叉口区域的宽度；

L——交叉口区域的长度；

$x_{j,n}$——第 j 幅图像中第 n 辆非机动车东西向的坐标；

$v_{j,n}$——第 j 幅图像中第 n 辆非机动车东西向的速度。

假设冲突区长度(东西向)及宽度(南北向)分别为 L'、N',冲突区非机动车数量为 n,交叉口非机动车数量为 m,且 $1000n/N'L'=1000m/NL$,此时可根据标定的交叉口速度—密度关系模型获得冲突区非机动车的速度 v,冲突区占用时间为 $T=L'/v$。

4.3.3 冲突区占用时间与临界间隙的比较

根据以上的分析,机动车与非机动车发生冲突需同时满足以下两个条件:

$$t \leqslant T \tag{4-25}$$

$$t \leqslant t_c \tag{4-26}$$

即:

$$p_c = p(h \leqslant \min\{T, t_c\}) \tag{4-27}$$

若冲突区只有 1 辆非机动车,可直接比较 T 与 t_c 的大小;若冲突区有 2 辆及 2 辆以上的非机动车,此时机动车提供的车头时距若不能保证所有的非机动车穿越则会导致冲突的发生。现考虑冲突区每单位宽度有 m 辆非机动车,假设后面非机动车尾随前面车辆穿越的时间间隙为 t_f,随着非机动车数量 m 的增加,T_m 与 $t_c+(m-1)t_f$ 都呈递增的趋势,故需比较 T_m 与 $t_c+(m-1)t_f$ 的大小,此时:

$$p_c = p[h \leqslant \min\{T_m, t_c+(m-1)t_f\}] \tag{4-28}$$

即:

$$p_c = \begin{cases} p(h \leqslant T_m) & T_m \leqslant t_c+(m-1)t_f \\ p[h \leqslant t_c+(m-1)t_f] & T_m > t_c+(m-1)t_f \end{cases} \tag{4-29}$$

4.3.4 非机动车不同排列构型冲突概率

以上研究了单位宽度的冲突区内机动车与非机动车的冲突情况,而实际的冲突区均有一定的尺寸,现假定冲突区宽度为 N,冲突区内共有 n 辆非机动车,单位宽度非机动车数分别为 n_1、$n_2 \cdots \cdots n_N$,且 $n_1+n_2+\cdots \cdots +n_N=n$,如图 4-8 所示。

则第 1 个、第 2 个……第 n_N 个单位宽度分布的非机动车数量分别为 n_1、$n_2 \cdots \cdots n_N$(假设为构型 k)的概率为:

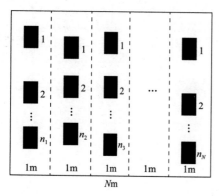

图 4-8 非机动车分布构型示意图

$$p_k = \frac{\binom{n_1}{n}\binom{n_2}{n-n_1}\cdots\cdots\binom{n_N}{n-n_1-\cdots\cdots-n_{N-1}}}{N^n}$$

$$\tag{4-30}$$

在非机动车占用冲突区时段 T 内,机动车到达的数量为:

$$M=[T/E(t)] \tag{4-31}$$

$[\ ]$ 为取整符号,$E(t)$ 为机动车车头时距均值,$f(t)$ 为车头时距密度函数。

$$E(t)=\int_0^{+\infty} tf(t)\mathrm{d}t \tag{4-32}$$

对于某一特定构型 k 而言,第 m 辆机动车与单位宽度子区域非机动车冲突的概率分别为 p_{1m}^k、p_{2m}^k……p_{Nm}^k,此时第 m 辆机动车与排列构型为 k 的非机动车冲突概率为:

$$p_{cm}^k = p_{1m}^k + (1-p_{1m}^k)p_{2m}^k + (1-p_{1m}^k)(1-p_{2m}^k)p_{3m}^k + \cdots\cdots + (1-p_{1m}^k)(1-p_{2m}^k)\cdots[1-p_{(N-1)m}^k]p_{Nm}^k \tag{4-33}$$

则第 m 辆机动车与冲突区不同构型的非机动车冲突概率为:

$$p_{cm} = \sum_{n_1+n_2+\cdots\cdots+n_N=n} p_k p_{cm}^k \tag{4-34}$$

故 M 辆机动车与冲突区非机动车冲突概率为:

$$p_c = p_{c1} + (1-p_{c1})p_{c2} + \cdots\cdots + (1-p_{c1})(1-p_{c2})\cdots\cdots(1-p_{cM-1})p_{cM} \tag{4-35}$$

4.4 机动车与非机动车冲突概率实例

4.4.1 非机动车占用冲突区时间

以进香河交叉口南进口直行机动车与北进口左转非机动车冲突为例,通过对视频文件的采集,共获得 245 幅图像,245 个非机动车样本,交叉口内部不同数量的非机动车样本数见表 4-8。

非机动车样本数据表 表 4-8

非机动车数量(辆)	样本数(个)	平均密度(辆/m/km)	平均速度(km/h)
1	79	2.34	11.11
2	65	4.68	10.44
3	32	7.02	10.10
4	21	9.36	9.75
5	16	11.70	9.26
6	9	14.04	8.44
7	8	16.38	8.74

续表

非机动车数量（辆）	样本数（个）	平均密度（辆/m/km）	平均速度（km/h）
8	5	18.72	7.95
9	6	21.06	8.04
10	4	23.40	6.70

通过计算，可求得每一副图像中非机动车速度与密度的数值，将其散点图绘于图 4-9 中。

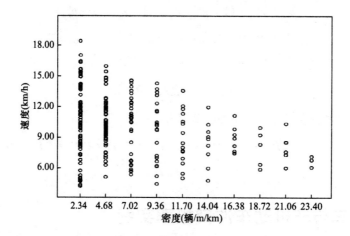

图 4-9 非机动车速度—平均密度散点图

从散点图的分布可看出，随着非机动车密度的增加，其速度呈递减的趋势。为了定量描述非机动车速度—密度的关系，将不同非机动车密度下其平均速度描绘在图 4-10 中，分别采用线性回归、对数函数回归及指数函数回归。

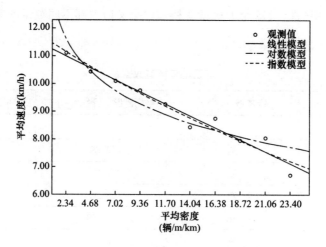

图 4-10 非机动车平均速度—密度拟合图

不同模型的拟合精度及参数见表4-9。

拟合参数及回归模型一览表　　　　　　　　　　　　表4-9

回归模型	R^2	b_0	b_1
线性模型：$v=11.42-0.18k$	0.96	11.42	-0.18
对数模型：$v=13.07-1.70\ln k$	0.87	13.07	-1.70
指数模型：$v=11.70e^{-0.02k}$	0.94	11.70	-0.02

从表中拟合的结果可看出，线性模型的拟合程度最高，故可将非机动车速度—密度关系模型表示为：

$$v=11.42-0.18k \tag{4-36}$$

则非机动车占用冲突区时间为：

$$T=\frac{L}{11.42-0.18k} \tag{4-37}$$

式中　L——冲突区长度。

4.4.2　非机动车穿越机动车临界间隙

对视频文件进行50个周期的采集，共获取272个有效间隙数据，其中接受间隙150个，拒绝间隙122个，将接受间隙及拒绝间隙进行分组，数据见表4-10。

累积百分率表　　　　　　　　　　　　表4-10

间隙（s）	累积接受百分率（100%）	累积拒绝百分率（100%）
0	0	100
1	0	96
2	8	41
3	36	7
4	73	1
5	95	0
6	99	0
7	99	0
8	100	0

假设接受间隙及拒绝间隙累积概率分布函数分别为 $F_a(t)$ 及 $F_r(t)$，以1s为一个划分区间，首先计算接受间隙及拒绝间隙在各区间的百分数，然后进行累积计算，得到各个区间的累积百分比，并将 $F_a(t)$ 及 $1-F_r(t)$ 绘于同一个坐标系中，其交点即为临界间隙。

从图4-11中可得出非机动车穿越机动车临界间隙 $t_c=2.5s$。

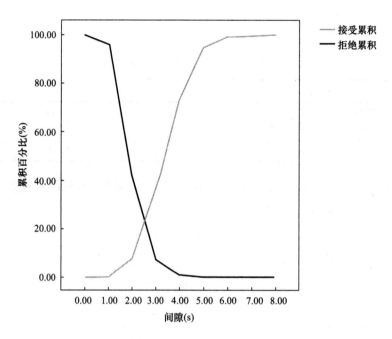

图 4-11 非机动车穿越机动车临界间隙求解图示

4.4.3 机动车与非机动车冲突概率

以进香河—学府路交叉口为例研究南进口直行机动车流与北进口左转非机动车之间的冲突。已知条件：交叉口东西向尺寸 $l=27.4\text{m}$，交叉口南北向尺寸 $N=15.6\text{m}$，冲突区长度 $L=2.5\text{m}$，非机动车穿越机动车临界间隙 $t_c=2.5\text{s}$，尾随时距 $t_f=0.3\text{s}$，南进口直行机动车车头时距密度函数 $f(t)=\dfrac{1}{0.56t\sqrt{2\pi}}e^{\dfrac{-(\ln t-1.25)^2}{0.63}}$，非机动车流速度—密度关系模型 $v=11.42-0.18k$。通过计算可得出不同参数之间的对应关系，见表 4-11。

机动车与非机动车冲突参数标定结果一览表　　　　表 4-11

交叉口非机动车数（辆）	密度（辆/m/km）	速度（km/h）	T(s)	冲突区非机动车数（辆）	$t_c+(m-1)t_f$(s)	$Z^{(1)}$	p_c(%)	单位宽度流量（辆/m/h）
1	2.34	11.00	0.82	0.09	2.23	−1.98	2.39	26
2	4.68	10.58	0.85	0.18	2.25	−1.94	2.62	49
3	7.02	10.16	0.89	0.27	2.28	−1.89	2.94	71
4	9.36	9.74	0.92	0.36	2.31	−1.85	3.22	91
5	11.70	9.31	0.97	0.46	2.34	−1.80	3.59	109

续表

交叉口非机动车数（辆）	密度（辆/m/km）	速度（km/h）	T（s）	冲突区非机动车数（辆）	$t_c+(m-1)t_f$（s）	$Z^{(1)}$	p_c（%）	单位宽度流量（辆/m/h）
6	14.04	8.89	1.01	0.55	2.36	−1.75	4.01	125
7	16.38	8.47	1.06	0.64	2.39	−1.69	4.55	139
8	18.72	8.05	1.12	0.73	2.42	−1.63	5.16	151
9	21.06	7.63	1.18	0.82	2.45	−1.57	5.82	161
10	23.40	7.21	1.25	0.91	2.47	−1.51	6.55	169
11	25.73	6.79	1.33	1.00	2.50	−1.44	7.49	175
12	28.07	6.37	1.41	1.09	2.53	−1.37	8.53	179
13	30.41	5.95	1.51	1.19	2.56	−1.29	9.85	181
14	32.75	5.52	1.63	1.28	2.58	−1.21	11.31	181
15	35.09	5.10	1.76	1.37	2.61	−1.12	13.14	179
16	37.43	4.68	1.92	1.46	2.64	−1.02	15.39	175
17	39.77	4.26	2.11	1.55	2.67	−0.92	17.88	169
18	42.11	3.84	2.34	1.64	2.69	−0.80	21.19	162
19	44.45	3.42	2.63	1.73	2.72	−0.67	25.14	152
20	46.79	3.00	3.00	1.82	2.75	−0.62	26.76	140
21	49.13	2.58	3.49	1.92	2.77	−0.61	27.09	127
22	51.47	2.16	4.18	2.01	2.80	−0.60	27.43	111
23	53.81	1.73	5.19	2.10	2.83	−0.59	27.76	93
24	56.15	1.31	6.85	2.19	2.86	−0.58	28.10	74
25	58.49	0.89	10.09	2.28	2.88	−0.57	28.43	52
26	60.83	0.47	19.10	2.37	2.91	−0.56	28.77	29
27	63.17	0.05	180.06	2.46	2.94	−0.55	29.12	3

注：$Z=\dfrac{\ln(\min\{T,t_c+(m-1)t_f\})-1.565}{0.89}$。

几点说明：

(1) 对于 T 及 $t_c+(m-1)t_f$ 而言，在密度较小时，T 为控制参数；在密度较大时，$t_c+(m-1)t_f$ 为控制参数。

(2) 在交叉口非机动车数量为 27 辆时，由于交叉口的冲突，使得非机动车的行驶速度暂时接近于 0，等冲突消失后，非机动车行驶速度将有上升的趋势。

(3) 若东西向通行时间为 1h 时，此时非机动车单位宽度最大流量为 181 辆，此时对应的平均速度为 5.95km/h 或 5.52km/h，即 1.65m/s 或 1.53m/s。

假设冲突区宽度 $N=2$，非机动车数量 $n=2$，此时 $E(t)=3.49$s，查表得 $T=4.18$s，

$M=2$,不同构型及其概率见表 4-12。

概率数值表　　　　　　　　　表 4-12

编号	构型	p_{1m}^k	p_{2m}^k	p_{cm}^k	p_k
1	(0, 2)	0	0.27	0.27	0.25
2	(1, 1)	0.07	0.07	0.14	0.5
3	(2, 0)	0.27	0	0.27	0.25

此时 $p_{cm}=0.21$,$p_c=0.21+(1-0.21)\times 0.21=0.38$。

4.5 机动车与行人冲突概率

4.5.1 机动车与行人冲突条件

行人与左转机动车发生冲突需同时满足以下两个条件:
(1) 在行人占用冲突区的时段内有机动车到达冲突区。
(2) 到达冲突区的机动车提供的车头时距小于行人穿越机动车的临界间隙。
即:

$$t \leqslant T$$
$$t \leqslant t_c \tag{4-38}$$

式中　t——机动车车头时距;

　　　T——冲突区非机动车占用时间;

　　　t_c——左转非机动车穿越机动车临界间隙。

此时,冲突概率为:

$$p_c = p(t \leqslant \min\{T, t_c\}) = \int_0^{\min\{T, t_c\}} f(t)\mathrm{d}t \tag{4-39}$$

从计算公式中可看出,T、t_c 及 $f(t)$ 是求解冲突概率的关键参数,其中 $f(t)$ 及 t_c 的获取与上一节研究相似,因此重点则要解决行人占用冲突区时间 T 的求解。

4.5.2 行人占用冲突区时间

行人速度—密度的关系研究类似于非机动车。对于速度而言,可用摄影测量的方法采集行人各个时刻在人行横道的图像,求得其在各个时刻沿人行横道的坐标,坐标差与时间的比值则为行人的速度。对于密度而言,只需获得各个时刻人行横道的行人数量即可。如对于第 j 幅图像而言,可定义密度与速度如下:

$$k_j = \frac{1000m_j}{NL} \tag{4-40}$$

$$v_j = \frac{1}{m_j}\sum_{n=1}^{m_j} v_{j,n} \tag{4-41}$$

$$v_{j,n} = \frac{|x_{j-1,n} - x_{j+1,n}|}{2} \tag{4-42}$$

式中　k_j——第 j 幅图像中的行人密度;

　　　v_j——第 j 幅图像中行人速度;

　　　m_j——第 j 幅图像中的行人数量;

　　　N——人行横道的宽度;

　　　L——人行横道的长度;

　　　$x_{j,n}$——第 j 幅图像中第 n 个行人沿人行横道的坐标;

　　　$v_{j,n}$——第 j 幅图像中第 n 个行人的速度。

假设冲突区长度及宽度分别为 L'、$N'(N'=N)$,冲突区行人数量为 n,人行横道行人数量为 m,且 $1000n/N'L' = 1000m/NL$,此时可根据交叉口速度—密度关系模型获得冲突区行人的速度 v,故行人占用冲突区时间为 $T = L'/v$。

4.5.3　冲突区占用时间与临界间隙的比较

根据上一章的分析,机动车与行人发生冲突需同时满足以下两个条件:

$$\begin{aligned} t \leqslant T \\ t \leqslant t_c \end{aligned} \tag{4-43}$$

即:

$$p_c = p(h \leqslant \min\{T, t_c\}) \tag{4-44}$$

若冲突区只有 1 个行人,可直接比较 T 与 t_c 的大小;若冲突区有 2 个及 2 个以上的行人,此时若机动车提供的车头时距不能保证所有的行人穿越,则会导致冲突的发生。现假设冲突区每单位宽度有 m 个行人,后面行人尾随前面行人穿越机动车的时间间隙为 t_f,随着行人数量 m 的增加,T_m 与 $t_c + (m-1)t_f$ 都呈递增的趋势,故需比较 T_m 与 $t_c + (m-1)t_f$ 的大小,此时:

$$p_c = p(h \leqslant \min\{T_m, t_c + (m-1)t_f\}) \tag{4-45}$$

即:

$$p_c = \begin{cases} p(h \leqslant T_m) & T_m \leqslant t_c + (m-1)t_f \\ p[h \leqslant t_c + (m-1)t_f] & T_m > t_c + (m-1)t_f \end{cases} \quad (4\text{-}46)$$

4.5.4 行人不同排列构型冲突概率

以上研究了单位宽度的冲突区内机动车与行人的冲突情况，而实际的冲突区均有一定的尺寸，现假定冲突区宽度为 N，冲突区内共有 n 个行人，单位宽度行人数分别为 n_1、n_2 ……n_N，且 $n_1 + n_2 + \cdots + n_N = n$。则第1个、第2个……第 n_N 个单位宽度分布的行人数量分别为 n_1、n_2 ……n_N（假设为构型 k）的概率为：

$$p_k = \frac{\binom{n_1}{n}\binom{n_2}{n-n_1}\cdots\binom{n_N}{n-n_1-\cdots-n_{N-1}}}{N^n} \quad (4\text{-}47)$$

在行人占用冲突区时段 T 内，机动车到达的数量为：

$$M = [T/E(t)] \quad (4\text{-}48)$$

式中 [ ]——取整符号；

$E(t)$——机动车车头时距均值；

$f(t)$——车头时距密度函数。

$$E(t) = \int_0^{+\infty} tf(t)\mathrm{d}t \quad (4\text{-}49)$$

对于某一特定构型 k 而言，第 m 辆机动车与单位宽度子区域行人冲突的概率分别为 p_{1m}^k、p_{2m}^k ……p_{Nm}^k，此时第 m 辆机动车与排列构型为 k 的行人冲突概率为：

$$p_{cm}^k = p_{1m}^k + (1-p_{1m}^k)p_{2m}^k + (1-p_{1m}^k)(1-p_{2m}^k)p_{3m}^k + \cdots + \\ (1-p_{1m}^k)(1-p_{2m}^k)\cdots[1-p_{(N-1)m}^k]p_{Nm}^k \quad (4\text{-}50)$$

则第 m 辆机动车与冲突区不同构型的行人冲突概率为：

$$p_{cm} = \sum_{n_1+n_2+\cdots+n_N=n} p_k p_{cm}^k \quad (4\text{-}51)$$

故 M 辆机动车与冲突区行人冲突概率为：

$$p_c = p_{c1} + (1-p_{c1})p_{c2} + \cdots + (1-p_{c1})(1-p_{c2})\cdots(1-p_{cM-1})p_{cM} \quad (4\text{-}52)$$

4.6 机动车与行人冲突概率实例

以进香河—学府路西进口左转机动车流与东西向北侧人行横道行人为例，研究二者之间的冲突概率。

4.6.1 机动车车头时距分布

通过对视频文件 64 个周期的采集,共获取有效车头时距 230 个,将车头时距按 0.5s 分组,共分成 19 组。

车头时距分组统计一览表　　　　　　　　　表 4-13

车头时距区间（s）	中值（s）	实际频数（个）	实际累积频数（个）	实际累积百分比（%）
0.5~1	0.75	14	230	100
1~1.5	1.25	38	216	94
1.5~2	1.75	35	178	77
2~2.5	2.25	33	143	62
2.5~3	2.75	26	110	48
3~3.5	3.25	19	84	37
3.5~4	3.75	16	65	28
4~4.5	4.25	12	49	21
4.5~5	4.75	8	37	16
5~5.5	5.25	6	29	13
5.5~6	5.75	5	23	10
6~6.5	6.25	3	18	8
6.5~7	6.75	3	15	7
7~7.5	7.25	2	12	5
7.5~8	7.75	2	10	4
8~8.5	8.25	1	8	3
8.5~9	8.75	2	7	3
9~9.5	9.25	2	5	2
9.5~10	9.75	3	3	1

将表 4-13 中的车头时距中值与累积百分比的关系函数拟合成曲线,如图 4-12 所示。

以上拟合关系可用模型表示为:

$$p(h<t) = 1 - e^{-0.48(t-1.06)} \qquad t \geqslant 1.06 \qquad (4-53)$$

其概率密度函数为:

$$f(t) = \begin{cases} 0.48 e^{-0.48(t-1.06)} & t \geqslant 1.06 \\ 0 & t < 1.06 \end{cases} \qquad (4-54)$$

从概率密度的公式可看出其服从移位负指数分布。为了验证拟合模型的合理性,需对假设的模型作 χ^2 检验,由于 $t<1.06$ 的概率密度为零,因此选择的数据区间从 [1.5, 2.0] 开始,

即从中值1.75开始检验，检验具体数据见表4-14。

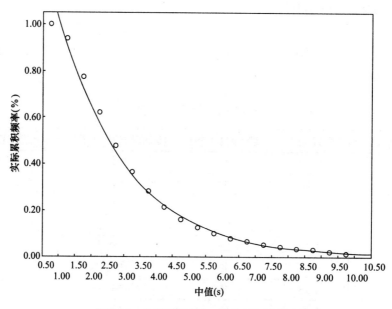

图4-12 实际累积频率—车头时距拟合图

χ^2 检验数据表　　　　　　　　　　　　　表4-14

中值（s）	实际频数（个）	实际累积频数（个）	实际累积频率（%）	理论频数（个）	理论累积频数（个）	理论累积频率（%）	f_i^2/F_i
1.75	35	178	77	35	166	72	35
2.25	33	143	62	28	131	57	39
2.75	26	110	48	22	103	45	31
3.25	19	84	37	17	81	35	21
3.75	16	65	28	14	64	28	18
4.25	12	49	21	10	50	22	14
4.75	8	37	16	9	40	17	7
5.25	6	29	13	6	31	14	6
5.75	5	23	10	6	25	11	4
6.25	3	18	8	4	19	8	2
6.75	3	15	7	3	15	7	3
7.25	2	12	5	2	12	5	2
7.75	2	10	4	2	10	4	2
8.25	1	8	3	2	8	3	1
8.75	2	7	3	1	6	3	4
9.25	2	5	2	1	5	2	4
9.75	3	3	1	4	4	2	2
总计	178	—	—	—	—	—	196

$$\chi^2 = \sum_{i=1}^{17} \frac{f_i^2}{F_i} - N = 196 - 178 = 18, DF = 17 - 3 = 14,取 \alpha = 0.05,查表得 \chi_{0.05}^2 = 23.685 > 18,$$

故车头时距符合负指数分布假设成立。

4.6.2 人行横道行人占用时间

通过对视频文件 15 个周期的观察,每秒采集一副图像,共采集到 313 副有效图像,具体数据见表 4-15,其中 $k_j = 1000 m_j / NL$,$v_j = \sum_{n=1}^{m_j} v_{j,n} / m$。

行人数据一览表　　　　　　　　　　表 4-15

m_j(人)	样本数(个)	k_j(人/km/m)	v_j(km/h)
1	117	7.3	7.22
2	63	14.6	6.75
3	42	21.9	6.62
4	25	29.2	5.83
5	27	36.5	5.13
6	23	43.8	4.44
7	10	51.1	3.97
8	6	58.4	3.45

将不同密度下的对应的速度散点图描绘在图 4-13 中,从散点图的分布可明显看出随着密度的增加,行人速度呈下降趋势。

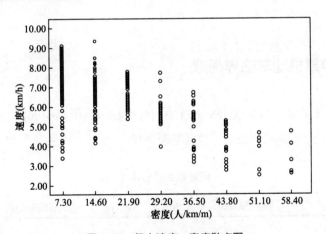

图 4-13　行人速度—密度散点图

为了定量描述行人速度—行人密度的关系,将不同行人密度下其平均速度描绘在图 4-14 中,分别采用线性回归、对数函数回归及指数函数回归。

不同模型拟合参数见表 4-16。

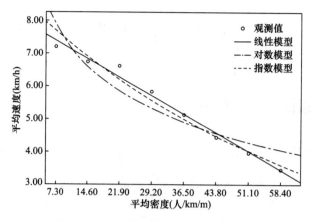

图 4-14　行人平均速度—平均密度拟合图

拟合参数及回归模型一览表　　　　　　　　　　　表 4-16

回归模型	R^2	b_0	b_1
线性模型：$v=7.97-0.08k$	0.99	7.97	-0.08
对数模型：$v=11.54-1.84\ln k$	0.87	11.54	-1.84
指数模型：$v=8.59e^{-0.01k}$	0.97	8.59	-0.01

从表 4-16 中可看出，线性模型的拟合程度最好，故选择线性模型，即：

$$v=7.97-0.08k \tag{4-55}$$

则行人占用冲突区时间为：

$$T=\frac{L'}{7.97-0.08k} \tag{4-56}$$

式中　L'——冲突区长度。

4.6.3　行人穿越机动车临界间隙

对视频文件进行采集，共获取 188 个有效间隙数据，其中接受间隙 93 个，拒绝间隙 95 个，将接受间隙及拒绝间隙进行分组，数据见表 4-17。

间隙累积百分率表　　　　　　　　　　　表 4-17

间隙（s）	累积接受百分率（%）	累积拒绝百分率（%）
0	0	100
1	0	97
2	8	55
3	33	9
4	72	1

续表

间隙（s）	累积接受百分率（%）	累积拒绝百分率（%）
5	96	0
6	100	0

假设接受间隙及拒绝间隙累积频率分布函数分别为 $F_a(t)$ 及 $F_r(t)$，以 1s 为一个划分区间，首先计算接受间隙及拒绝间隙在各区间的百分数，然后进行累积计算，得到各个区间的累积百分比，并将 $F_a(t)$ 及 $1-F_r(t)$ 绘于同一个坐标系中，其交点即为临界间隙。

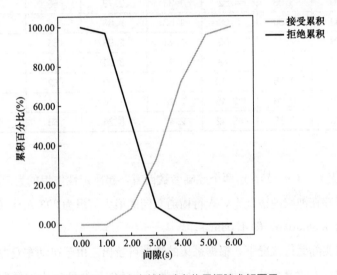

图 4-15　行人穿越机动车临界间隙求解图示

从图 4-15 中可得出行人穿越左转机动车临界间隙 $t_c=2.65$s。

4.6.4　机动车与行人冲突概率

以进香河—学府路交叉口为例，人行横道长度 $L=27.4$m，人行横道宽度 $N=5$m，冲突区长度 $L'=5.2$m，临界间隙 $t_c=2.65$s，行人穿越机动车尾随时距 $t_f=0.4$s，左转机动车车头时距分布函数 $p(h<t)=1-e^{-0.48(t-1.06)}$，行人人流速度—密度关系模型 $v=7.97-0.08k$。通过计算，参数数值见表 4-18。

机动车与行人冲突参数标定结果一览表　　表 4-18

人行横道行人数（人）	密度（人/m/km）	速度（km/h）	T(s)	冲突区行人数（人）	$t_c+(m-1)t_f$(s)	P_c(%)	单位宽度流量（人/m/h）	人行横道流量（人/h）
1	7.30	7.39	2.53	0.19	2.33	46	54	272
2	14.60	6.80	2.75	0.38	2.40	47	100	499

续表

人行横道行人数（人）	密度（人/m/km）	速度（km/h）	$T(s)$	冲突区行人数（人）	$t_c+(m-1)t_f$ (s)	P_c(%)	单位宽度流量（人/m/h）	人行横道流量（人/h）
3	21.90	6.22	3.01	0.57	2.48	49	137	683
4	29.20	5.63	3.32	0.76	2.55	51	165	825
5	36.50	5.05	3.71	0.95	2.63	53	185	923
6	43.80	4.47	4.19	1.14	2.71	55	196	980
7	51.09	3.88	4.82	1.33	2.78	56	199	993
8	58.39	3.30	5.68	1.52	2.86	58	193	964
9	65.69	2.71	6.90	1.71	2.93	59	179	893
10	72.99	2.13	8.79	1.90	3.01	61	156	778
11	80.29	1.55	12.10	2.09	3.09	62	124	621
12	87.59	0.96	19.45	2.28	3.16	64	84	422
13	94.89	0.38	49.42	2.47	3.24	65	36	180

几点说明：

(1) 对于 T_m 及 $t_c+(m-1)t_f$ 这两个控制参数而言，起决定性作用的为后者。

(2) 在交叉口存在冲突的情况下，人行横道双向的最大流量为 993 人/h（绿灯时间为 1h），此时的行人速度为 3.88km/h，即 1.08m/s。

(3) 在交叉口实际运行状况下，根据采集的数据可看出，由于机动车及非机动车运行的影响，若人行横道的行人数量超过 13 人，将会使得行人流的运行速度出现暂时的停顿，等其他交通流穿过冲突区后将会继续前进，速度则会恢复到以前的水平。

以人行横道宽度 $N=2$，行人数量 $n=2$ 为例，$E(t)=5.54s$，查表得 $T=10.5s$，故 $M=2$，不同构型及其概率见表 4-19。

概率数值表　　　　表 4-19

编号	构型	p_{1m}^k	p_{2m}^k	p_{cm}^k	p_k
1	(0, 2)	0	0.61	0.61	0.25
2	(1, 1)	0.54	0.54	0.79	0.5
3	(2, 0)	0.61	0	0.61	0.25

此时 $p_{cm}=0.7$，$p_c=0.7+(1-0.7)\times 0.7=0.91$。

# 5 城市道路交叉口复杂度计量模型及其应用

以上两章主要从宏观及微观两个层面研究了交叉口的冲突点及冲突概率，本章在前两章研究的基础上建立交叉口复杂度的计量模型，并分析交叉口在不同空间布局型式及不同交通流运行特性下交叉口复杂度的变化特征及范围，从而实现以复杂度为指标对不同的交叉口的运行状态进行比较。

5.1 交叉口复杂度计量模型

根据以上的分析，由于不同类型不同方向的交通流汇聚在交叉口，使得这些交通流对交叉口的时空资源的占用存在竞争性。交叉口的空间布局及控制方式决定了冲突点的数量，交通流的运行特性决定了在冲突点发生冲突的概率，交叉口冲突点越多，发生冲突的概率越大，则交叉口的复杂度越大，因此交叉口实际冲突数可综合衡量交叉口的运行状况，而实际冲突数则为冲突概率与冲突点数量的乘积，可表示为如下形式：

$$C = \sum_{j=1}^{3}\sum_{k=1}^{3} p_{jk}^1 N_{jk}^1 + \sum_{j=1}^{3}\sum_{k=1}^{3} p_{jk}^2 N_{jk}^2 + \sum_{j=1}^{3}\sum_{k=1}^{3} p_{jk}^3 N_{jk}^3 \qquad (5-1)$$

式中　　k——机动车、非机动车及行人3种方式；

　　　　j——直行、左转及右转3种方向；

p_{jk}^1、p_{jk}^2、p_{jk}^3——在交叉口交叉冲突点、合流冲突点及分流冲突点发生冲突的平均概率；

N_{jk}^1、N_{jk}^2、N_{jk}^3——空间上存在的3种类型冲突点的数量。

5.2 交叉口复杂度影响因素分析

从复杂度计量模型的构成看出，模型参数可分为宏观及微观两个层面，其中 N 为冲突点数量，反映了交叉口的空间布局及控制方式；p 为平均冲突概率，反映了交通流的运行特性。

5.2.1 交叉口空间布局及控制方式

第 3 章详细分析了不同交叉口布局及控制方式下各种冲突点的数量。由于在实际状态中非机动车及行人的轨迹较为随机，因此其冲突点均集中于冲突区域内，此时冲突点的概念相对弱化，现仅将几种典型的交叉口机动车与机动车的冲突点在不同的空间布局及不同的控制方式下的数量列于表 5-1 中。

不同空间布局不同控制方式机动车冲突点数　　　　　表 5-1

交叉口类型		2—2	4—2	6—2	4—4	6—4	6—6
无控制	$N_{aaj}^{(1)}$	16	24	32	36	48	64
	$N_{aam}^{(1)}$	8	8	8	8	8	8
	$N_{aad}^{(1)}$	8	8	8	8	8	8
两相位	N_{aaj}	4	6	8	8	10	12
	N_{aam}	4	2	2	0	0	0
	N_{aad}	8	8	10	8	10	12
四相位	N_{aaj}	—	—	—	0	0	0
	N_{aam}	—	—	—	0	0	0
	N_{aad}	—	—	—	16	18	20

注：N_{aaj}、N_{aam} 及 N_{aad} 分别为机动车与机动车交叉冲突点、合流冲突点及分流冲突点数量。

5.2.2 交叉口交通流特性

在交叉口冲突点确定以后，此时决定在冲突点是否发生冲突的关键因素则在于交通流自身的运行特性，从第 4 章的分析可得出，起决定性作用的因素为交通流的流量、车头时距及临界间隙等，以下首先总结一下交叉口交通流的流量、车头时距及临界间隙的特性。

1. 流量

交叉口附近路段上车流的行驶状态可大致分为自由流、拥挤流和饱和流三种，通常用以计算这三种流态的临界流量的方法主要有观测法、仿真法和概率分析法等。根据既有的研究，可定义交叉口附近路段车流单车道流量 400 辆/h 以下为自由流，400～800 辆/h 为拥挤流，800 辆/h 以上为饱和流[112]。邵长桥在其论文中也指出，对于单车道流量小于 800 辆/h 的情形，可用负指数分布拟合车头时距[113]。表 5-2 为交叉口附近路段上不同交通流量、流态下的车头时距分布状况。

单车道不同交通流量条件下车头时距分布表　　　　表 5-2

车流行驶状态	车流量（辆/h）	分布特征
自由流	<400	负指数分布
拥挤流	400~800	负指数分布
		爱尔朗分布
饱和流	>800	定长分布

2. 机动车车头时距

车头时距分布特征是交通流理论中一个重要组成部分。大部分关于车头时距分布模型是概率分布模型，其研究基本上都是针对路段交通流展开的。除了概率分布模型，还有一些模型是建立在驾驶员和机动车特性基础上的，这些模型的建立需要大量的观测数据，对于某一特定的研究目的能达到较高的预测精度。较为常见的车头时距分布模型如下所示：

(1) 负指数分布

负指数分布建立在车辆到达服从泊松分布的基础上，是最常见的车头时距分布模型。只有当交通量较小，车辆自由行驶时，负指数分布能达到较高的预测精度。负指数分布是研究车头时距分布特性的基础，具体形式如下[114,115]：

$$F(t)=0 \quad t<0$$
$$F(t)=1-e^{-\lambda t} \quad t \geqslant 0 \tag{5-2}$$

式中　$F(t)$——概率分布函数；
　　　λ——平均到达率。

(2) 移位负指数分布

假设车头时距中跟驰部分为 τ 秒，τ 为允许的最小车头时距，则可以得到移位负指数分布：

$$F(t)=0 \quad t<\tau$$
$$F(t)=1-e^{-\gamma(t-\tau)} \quad t \geqslant \tau \tag{5-3}$$

式中　γ——与交通流量有关的参数。

(3) 皮尔逊Ⅲ型分布

皮尔逊Ⅲ型分布的概率密度函数为：

$$f(t)=\frac{\beta^{\alpha}}{\Gamma(\alpha)}t^{\alpha-1}e^{-\beta t} \quad (t \geqslant 0)(\alpha,\beta>0) \tag{5-4}$$

式中　$\Gamma(\alpha)$——Γ 分布，$\Gamma(\alpha)=\int_{0}^{\infty}t^{\alpha-1}e^{-\beta t}\mathrm{d}t$。

(4) 爱尔朗分布

当 α 为正整数时，皮尔逊Ⅲ型分布转化为爱尔朗分布，其概率密度函数为：

$$f(t)=\frac{\beta^{\alpha}}{(\alpha-1)!}t^{\alpha-1}e^{-\beta t} \quad (t \geqslant 0) \tag{5-5}$$

当 $\alpha=1$ 时，即为负指数分布，当 $\alpha=\infty$ 时将产生均一的车头时距，参数 α 可以反映畅行车流与拥挤车流之间的各种车流条件，α 越大，车流越拥挤，实际应用时，α 可由观测数据的均值 m 与方差 S^2 估算：

$$\alpha=\frac{m^2}{S^2} \tag{5-6}$$

α 取整数。

(5) 对数正态分布

对数正态分布模型也是车头时距分布中常用的模型。在对数正态分布模型中，实际上是变量 $Y=\lg t$ 服从正态分布，其概率密度分布函数为：

$$f(t)=\frac{1}{t\sigma\sqrt{2\pi}}\exp[-(\lg t-\mu)^2/2\sigma^2] \quad (t\geqslant 0) \tag{5-7}$$

式中 μ——参数，$\mu=\dfrac{\sum\limits_{1}^{n}\lg t_i}{n}$，$\sigma^2=\dfrac{\sum\limits_{1}^{n}(\lg t_i-\mu)^2}{n-1}$。

3. 非机动车及行人到达分布

在单位时间内到达平面信号交叉口的非机动车及行人数量是一个随机变量，可以用离散型模型来进行描述，较为常见的分布模型有泊松分布、二项分布和负二项分布[116]。

(1) 泊松分布

泊松分布的模型可表示为：

$$p(k)=\frac{(\lambda t)^k e^{-\lambda t}}{k!} \quad k=0,1,2\cdots\cdots \tag{5-8}$$

式中 $p(k)$——在计数间隔 t 内到达 k 辆车或 k 个行人的概率；

λ——单位时间内的平均到达率；

t——每个计数间隔连续的时间。

泊松分布适合于交通流密度不大，车辆或行人之间相互影响较小，其他外界干扰因素基本不存在的情形，即交通流是随机的，此时泊松分布能较好地拟合观测数据。泊松分布的均值 M 和方差 D 均等于 λt，而观测数据的均值 m 和方差 S^2 均为无偏估计，因此，当观测数据表明 S^2/m 显著不等于 1 时，就是泊松分布不适用的情况。

(2) 二项分布

二项分布的基本公式为：

$$p(k)=C_n^k p^k(1-p)^{n-k} \quad k=0,1,2\cdots\cdots \tag{5-9}$$

式中 $p(k)$——在计数间隔 t 内到达 k 辆车或 k 个行人的概率；

t——计数间隔；

p——参数，$p=(m-S^2)/m$；

n——参数，$n=m^2/(m-S^2)$；

m——样本均值；

S^2——方差。

车流比较拥挤、自由行驶机会不多的车流用二项分布拟合比较好。二项分布均值 M 大于方差 D，当观测数据表明 S^2/m 显著大于 1 时就是二项分布不适用的情况。

(3) 负二项分布

负二项分布的基本公式为：

$$p(k)=C_{k+\beta-1}^{\beta-1}p^{\beta}(1-p)^k \tag{5-10}$$

式中　$p(k)$——一定时间间隔内到达 k 辆车或 k 个行人的概率；

k——到达车辆数或行人数；

p——模型参数，$p=m/S^2$；

β——模型参数，$\beta=m^2/(S^2-m)$；

m——样本均值；

S^2——样本方差。

到达量波动比较大的交通流，而计数间隔又是短信号周期，则所得车辆及行人到达数具有较大的方差而服从负二项分布。

4. 临界间隙

(1) 机动车穿越机动车临界间隙

在典型的四相位及多相位信号交叉口，几乎不存在机动车穿越机动车的行为，但在两相位及三相位信号交叉口，左转车则需等待对向直行车的合适间隙伺机穿越，但对于这方面的研究成果较少，研究较多的是针对无信号交叉口机动车穿越机动车的行为，由于二者有一定的相似性，因此无信号交叉口机动车穿越行为的研究方法及成果可作为两相位及三相位信号交叉口的参考。高海龙等人对中国多个地区的无信号交叉口机动车临界间隙进行了调查，发现不同的地区有一定的差别，但差别不大，最后对各个地区的临界间隙进行汇总，得到其平均值，见表 5-3[117]。

临界间隙平均值　　　　　　　　表 5-3

转向	临界间隙（s）			
	小型车	中型车	大型车	拖挂车
左转	5.77	6.91	7.48	8.05
直行	4.81	5.77	7.11	7.18
右转	2.94	3.69	4.15	4.62

(2) 非机动车穿越机动车临界间隙

国内外对非机动车穿越机动车的行为有一定的研究，如北京交通大学的刘珈铭、黄迪、黄玲等均对机非穿越行为作过研究，但研究成果不够系统全面。较为完整的是国外 Dean Taylor 和 Hani Mahmassani 的研究成果，其对不同类型不同方向的机非冲突的临界间隙进行了观测，观测结果如图 5-1 所示[28]。

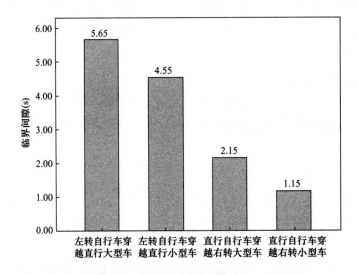

图 5-1　不同类型非机动车穿越机动车临界间隙

（3）行人穿越机动车临界间隙

国外对于行人穿越机动车间隙的研究有：Song 等人对澳大利亚的交叉口进行分析后，将行人穿越机动车的行为分为双间隙的、冒险的、两阶段的及边走边看四类；Palamarthy 在 Song 等人的研究基础上得出行人可接受间隙为 3.33s。国内北京工业大学的孙智勇等对北京的交叉口进行调查，得出行人穿越机动车的临界间隙，结果如图 5-2 所示[30]。

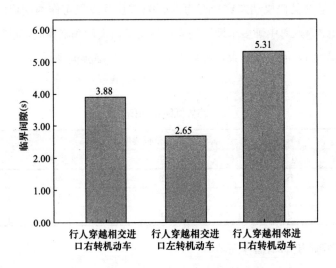

图 5-2　不同类型行人穿越机动车临界间隙

5.3 复杂度模型应用

复杂度可应用于交叉口运行状态的评价之中,若交叉口复杂度太高,则表明交叉口的运行状态较为混乱,因此需对交叉口的空间布局或控制方式作科学合理的改善,而评价改善的效果如何,则通过复杂度表现出来,即若改善后交叉口的复杂度比改善前有所降低,则说明交叉口的改善是有效的,反之则需要重新设计改善方案。以下主要以无控制、两相位、三相位及四相位这 4 种控制方式为例,分析 2—2 型、2—4 型、2—6 型、4—4 型、4—6 型及 6—6 型这 6 种较为典型的十字形交叉口的复杂度。由于交叉冲突点对交叉口的运行造成的影响最大,且不同形式的冲突中也以机动车与机动车、非机动车及行人的冲突较为明显,因此为简单起见,算例中仅考虑以上 3 种方式之间的交叉冲突点,其他类型冲突点的计算方法与此相似。

5.3.1 无控制交叉口

对于交叉口复杂度模型的参数而言,在一定的交通需求下,p 和 N 与交叉口进口道的车道数的划分有直接的关系,对于车道数较少的交叉口而言,由于每条车道的流量较大,因此冲突概率较大,但冲突点的数量却较少;而对于车道数较多的交叉口而言,每条车道的流量较小,因而冲突概率也较小,但是冲突点的数量却较大。以下分析不同流量条件下各种类型交叉口的复杂度。

以 2—2 型无控制交叉口冲突点为例,其混合交通流之间的冲突点如图 5-3 所示,其他类型交叉口冲突点的图示方法与此相似。

假设交叉口每个进口道交通需求分别为 $Q_1=200$、400、600、800 veh/h 这 4 种情形,左转车比例 $f_{la}=0.15$,右转车比例 $f_{ra}=0.20$,直行车临界间隙 $t_{ct}=4.0s$,左转车临界间隙 $t_{cl}=5.0s$,交叉口尺寸 20m×20m,机动车车头时距服从负指数分布。由于信号交叉口的非机动车及行人的到达具有一定的波动且方

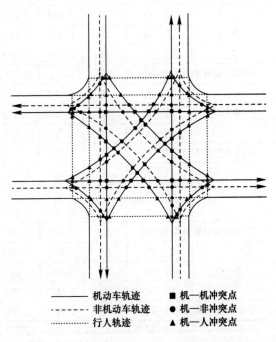

图 5-3 2—2 型无控制交叉口混合交通流冲突点示意图

差较大，根据以往的研究成果[13,98,118]，假设非机动车及行人的到达符合负二项分布，非机动车到达分布规律为 $p(k)=C_{k+11}^{11} \cdot 0.7^{12} \cdot 0.3^k$，每个进口非机动车交通需求为 100bic/h，左转比例 $f_{lb}=0.15$，考虑到骑车者在穿越交叉口时选择路径具有一定的随机性，故将机动车与非机动车的冲突点放大成尺寸为 2.5m×2m 的矩形冲突区域，非机动车穿越机动车临界间隙 $t_{cb}=2.5$s，行人到达分布规律为 $p(k)=C_{k+0.5}^{0.5} \cdot 0.4^{1.5} \cdot 0.6^k$，考虑单位宽度人行横道的行人交通，交通需求为 20ped/m/h，机动车与行人的冲突区域尺寸为 2.5m×1m，行人穿越机动车临界间隙 $t_{cp}=2.65$s。具体计算过程如附录 2 所示，计算结果见表 5-4。

无控制交叉口混合交通流复杂度计算结果　　　　　表 5-4

交叉口类型	冲突点类型	冲突点数	平均冲突概率				复杂度			
			200[1]	400	600	800	200	400	600	800
2—2	机—机	16	0.008	0.027	0.055	0.088	0.123	0.438	0.881	1.403
	机—非	56	0.002	0.004	0.006	0.007	0.107	0.213	0.317	0.419
	机—人	48	0.002	0.003	0.004	0.006	0.073	0.143	0.212	0.278
平均冲突概率及总复杂度		120	0.003	0.007	0.012	0.018	0.303	0.794	1.410	2.100
2—4	机—机	24	0.005	0.019	0.040	0.065	0.127	0.462	0.951	1.551
	机—非	68	0.002	0.004	0.006	0.006	0.106	0.212	0.318	0.421
	机—人	56	0.001	0.003	0.004	0.005	0.073	0.144	0.213	0.281
平均冲突概率及总复杂度		148	0.002	0.006	0.010	0.015	0.306	0.818	1.482	2.253
2—6	机—机	32	0.004	0.015	0.030	0.050	0.128	0.468	0.970	1.591
	机—非	80	0.001	0.003	0.004	0.005	0.108	0.213	0.318	0.424
	机—人	64	0.001	0.002	0.003	0.004	0.073	0.144	0.214	0.281
平均冲突概率及总复杂度		176	0.002	0.005	0.009	0.013	0.309	0.825	1.502	2.296
4—4	机—机	36	0.004	0.014	0.029	0.048	0.130	0.487	1.027	1.715
	机—非	80	0.001	0.003	0.004	0.005	0.108	0.214	0.320	0.425
	机—人	64	0.001	0.002	0.003	0.004	0.073	0.144	0.215	0.284
平均冲突概率及总复杂度		180	0.002	0.005	0.009	0.013	0.311	0.845	1.562	2.424
4—6	机—机	48	0.003	0.010	0.022	0.037	0.132	0.493	1.048	1.761
	机—非	92	0.001	0.002	0.003	0.005	0.108	0.213	0.318	0.427
	机—人	72	0.001	0.002	0.003	0.004	0.074	0.145	0.215	0.284
平均冲突概率及总复杂度		212	0.001	0.004	0.007	0.012	0.314	0.851	1.581	2.472
6—6	机—机	64	0.002	0.008	0.017	0.028	0.131	0.499	1.068	1.805
	机—非	104	0.001	0.002	0.003	0.004	0.108	0.215	0.321	0.429
	机—人	80	0.001	0.002	0.003	0.004	0.073	0.145	0.216	0.285
平均冲突概率及总复杂度		248	0.001	0.003	0.006	0.010	0.312	0.859	1.605	2.519

注：数字上标所在行的表格数据为交通需求数值，单位为 veh/h。

表格中的数据表明：

(1) 对于同一类型交叉口而言，其复杂度随流量的增加而增加。

(2) 对于同一流量条件而言，其复杂度随车道数的增加而增加。

为了更为直观地反映这种变化趋势，现以 2—2 型交叉口为例描绘不同流量条件下其对应复杂度的柱状图，如图 5-4 所示。

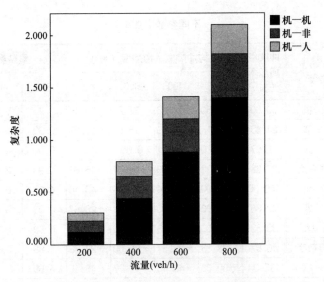

图 5-4 2-2 型交叉口不同流量条件下复杂度

图 5-4 表明：2—2 型交叉口当需求量依次为 200veh/h、400veh/h、600veh/h 及 800veh/h 时，其复杂度分别为 0.303、0.794、1.410、2.100，当流量增加 1 倍、2 倍及 3 倍时，其对应的复杂度增长了 1.6 倍、3.7 倍及 5.9 倍，可见需求量增加得越大，复杂度增加的幅度越大。

为了直观地反映在同一流量条件下不同类型交叉口复杂度的变化趋势，现以 $Q=600$veh/h 为例描绘不同类型交叉口对应的复杂度，如图 5-5 所示。

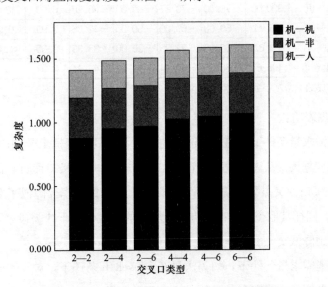

图 5-5 $Q=600$veh/h 条件下不同形式交叉口复杂度

从图 5-5 中可看出，在同一流量下，交叉口车道数越多，此时其复杂度越大，为了显示不同类型交叉口车道数增加对于复杂度的影响，现以 2—2 型交叉口为参考，计算其他类型交叉口相对此交叉口的不同参数的变化率，见表 5-5。

不同参数增加率 表 5-5

交叉口类型	冲突点类型	冲突点增加率（%）	平均冲突概率增加率（%）				复杂度增加率（%）			
			200[(1)]	400	600	800	200	400	600	800
2—4	机—机	50.00	−37.50	−29.63	−27.27	−26.14	3.25	5.48	7.95	10.55
	机—非	21.43	0.00	−25.00	−16.67	−14.29	0.93	0.47	0.32	0.48
	机—人	16.67	−50.00	0.00	0.00	−16.67	0.00	0.70	0.47	1.08
平均冲突概率及总复杂度		23.33	−33.33	−14.29	−16.67	−16.67	0.99	3.02	5.11	7.29
2—6	机—机	100.00	−50.00	−44.44	−45.45	−43.18	4.07	6.85	10.10	13.40
	机—非	42.86	−50.00	−25.00	−33.33	−28.57	0.93	0.00	0.32	1.19
	机—人	33.33	−50.00	−33.33	−25.00	−33.33	0.00	0.70	0.94	1.08
平均冲突概率及总复杂度		46.67	−33.33	−28.57	−25.00	−27.78	1.98	3.90	6.52	9.33
4—4	机—机	125.00	−50.00	−48.15	−47.27	−45.45	5.69	11.19	16.57	22.24
	机—非	42.86	−50.00	−25.00	−33.33	−28.57	0.93	0.47	0.95	1.43
	机—人	33.33	−50.00	−33.33	−25.00	−33.33	0.00	0.70	1.42	2.16
平均冲突概率及总复杂度		50.00	−33.33	−28.57	−25.00	−27.78	2.64	6.42	10.78	15.43
4—6	机—机	200.00	−62.50	−62.96	−60.00	−57.95	7.32	12.56	18.96	25.52
	机—非	64.29	−50.00	−50.00	−50.00	−28.57	0.93	0.00	0.32	1.91
	机—人	50.00	−50.00	−33.33	−25.00	−33.33	1.37	1.40	1.42	2.16
平均冲突概率及总复杂度		76.67	−66.67	−42.86	−41.67	−33.33	3.63	7.18	12.13	17.71
6—6	机—机	300.00	−75.00	−70.37	−69.09	−68.18	6.50	13.93	21.23	28.65
	机—非	85.71	−50.00	−50.00	−50.00	−42.86	0.93	0.94	1.26	2.39
	机—人	66.67	−50.00	−33.33	−25.00	−33.33	0.00	1.40	1.89	2.52
平均冲突概率及总复杂度		106.67	−66.67	−57.14	−50.00	−44.44	2.97	8.19	13.83	19.95

注：数字上标所在行的表格数据为交通需求数值，单位为 veh/h。

表 5-5 中的数据表明：

（1）同一交通需求量条件下，随着车道数的增加，其复杂度呈上升的趋势，且车道越多，其复杂度增加的幅度越大。从表格数据可看出，相对于 2—2 交叉口而言，需求量在 800veh/h 条件下，6—6 型交叉口冲突点数量增加了 106.67%，而冲突概率仅降低了 50%，导致其复杂度上升了 19.95%，同样其他交叉口冲突点数量增加的幅度也高于冲突概率下降的幅度，因此设置多车道并未起到降低复杂度的作用。

（2）在同一交通需求量条件下，如需求量在 800veh/h 条件下，对于不同类型的交叉口而言，机动车冲突复杂度的变化率在 10.55%～28.65% 之间，而机动车与非机动车及行人的变化率范围分别为 0.48%～2.39% 及 1.08%～2.52%，可见机动车与机动车的冲突复杂度对于车道的分流较为敏感，因此机动车与机动车的冲突对于交叉口复杂度的影响最大。

5.3.2 两相位交叉口

对于采用两相位控制的交叉口，此时应先单独计算每个相位的复杂度，再将各个相位的复杂度相加即为交叉口的复杂度。以 2—2 型交叉口为例，其他各个相位机动车与机动车、非机动车及行人的冲突点如图 5-6 所示。其他类型交叉口的图示方法与此相同。

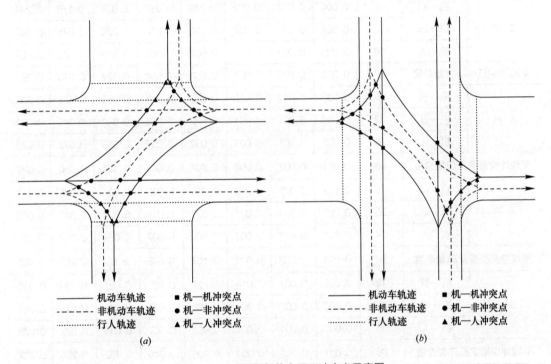

图 5-6 2—2 型两相位交叉口冲突点示意图
(a) 两相位交叉口第一相位冲突点示意图；(b) 两相位交叉口第二相位冲突点示意图

交叉口假定条件与无控制交叉口相同，计算结果见表 5-6。

两相位交叉口混合交通流复杂度计算结果　　　　表 5-6

交叉口类型	冲突点类型	冲突点数	平均冲突概率				复杂度			
			200[1]	400	600	800	200	400	600	800
2—2	机—机	4	0.006	0.020	0.041	0.067	0.022	0.080	0.165	0.269
	机—非	24	0.001	0.001	0.002	0.002	0.015	0.030	0.045	0.059
	机—人	16	0.000	0.001	0.001	0.002	0.007	0.015	0.022	0.029

续表

交叉口类型	冲突点类型	冲突点数	平均冲突概率				复杂度			
			200[(1)]	400	600	800	200	400	600	800
平均冲突概率及总复杂度		44	0.001	0.003	0.005	0.008	0.044	0.125	0.232	0.357
2—4	机—机	6	0.004	0.014	0.029	0.048	0.022	0.083	0.174	0.289
	机—非	28	0.001	0.001	0.002	0.002	0.015	0.030	0.045	0.060
	机—人	16	0.000	0.001	0.001	0.002	0.007	0.015	0.022	0.029
平均冲突概率及总复杂度		50	0.001	0.003	0.005	0.008	0.044	0.128	0.241	0.378
2—6	机—机	6	0.004	0.014	0.029	0.049	0.022	0.084	0.176	0.294
	机—非	28	0.001	0.001	0.002	0.002	0.015	0.030	0.045	0.060
	机—人	16	0.000	0.001	0.001	0.002	0.007	0.015	0.022	0.029
平均冲突概率及总复杂度		50	0.001	0.003	0.005	0.008	0.044	0.129	0.243	0.383
4—4	机—机	8	0.003	0.011	0.023	0.038	0.023	0.086	0.183	0.308
	机—非	32	0.001	0.001	0.001	0.002	0.015	0.030	0.045	0.060
	机—人	16	0.000	0.001	0.001	0.002	0.007	0.015	0.022	0.029
平均冲突概率及总复杂度		56	0.001	0.002	0.004	0.007	0.045	0.131	0.250	0.397
4—6	机—机	10	0.002	0.009	0.019	0.031	0.023	0.087	0.185	0.313
	机—非	36	0.000	0.001	0.001	0.002	0.015	0.030	0.045	0.060
	机—人	14	0.001	0.001	0.002	0.002	0.007	0.015	0.022	0.029
平均冲突概率及总复杂度		60	0.001	0.002	0.004	0.007	0.045	0.132	0.252	0.402
6—6	机—机	12	0.002	0.007	0.016	0.027	0.023	0.087	0.188	0.318
	机—非	40	0.000	0.001	0.001	0.002	0.015	0.030	0.045	0.060
	机—人	16	0.000	0.001	0.001	0.002	0.007	0.015	0.022	0.029
平均冲突概率及总复杂度		68	0.001	0.002	0.004	0.006	0.045	0.132	0.255	0.407

注：数字上标所在行的表格数据为交通需求数值，单位为 veh/h。

从表 5-6 的数据看出，不同类型交叉口复杂度随流量的增加均呈现上升的趋势。以 2—2 型交叉口为例，将表格数据绘成如图 5-7 所示的柱状图。

图 5-7 表明：随着流量的增加，2—2 型交叉口机动车与机动车、非机动车及行人的复杂度均呈现上升的趋势，因此其总复杂度也呈现增加的趋势。为了比较不同类型交叉口在同一流量条件下复杂度的变化趋势，现以 $Q=600$ veh/h 为例描绘不同类型交叉口对应的复杂度，如图 5-8 所示。

从图 5-8 中可看出，交叉口复杂度随着车道数的增加而增加，与无控制交叉口的变化趋势一致。

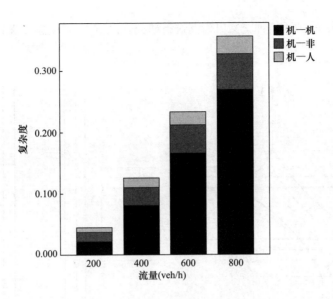

图 5-7　2—2 型交叉口不同流量条件下复杂度

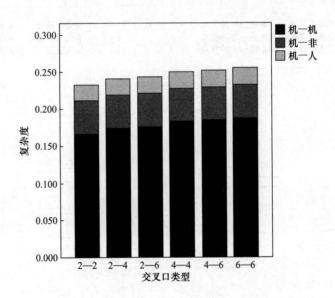

图 5-8　$Q=600\text{veh/h}$ 条件下不同型式交叉口复杂度

5.3.3　三相位交叉口

对于三相位控制的十字交叉口而言,一个方向采用单相位控制,另外一个方向采用两相位控制,首先放行直行车流与右转机非车流,此时行人随直行车放行,然后放行左转机非车流,在这种情况下一般均会设置左转专用车道,因此单方向至少两条车道,故以 2—4 型、2—6 型、

4—4 型、4—6 型及 6—6 型 5 种交叉口为例进行研究。以下以 4—4 型交叉口为例说明各种冲突点的类型及数量。

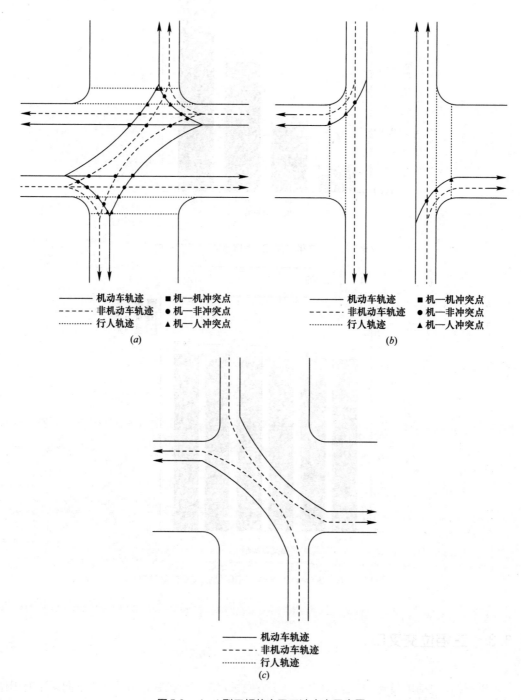

图 5-9　4—4 型三相位交叉口冲突点示意图

(a) 三相位交叉口第一相位；(b) 三相位交叉口第二相位；(c) 三相位交叉口第三相位

从图 5-9（c）中可看出，当左转车单独放行时，此时不存在交叉冲突点。

三相位交叉口混合交通流复杂度计算结果　　　　　　　　　　表 5-7

交叉口类型	冲突点类型	冲突点数	平均冲突概率				复杂度			
			200[1]	400	600	800	200	400	600	800
2—4	机—机	2	0.005	0.020	0.041	0.067	0.011	0.040	0.083	0.135
	机—非	14	0.001	0.001	0.002	0.002	0.008	0.017	0.025	0.033
	机—人	12	0.000	0.001	0.001	0.002	0.006	0.012	0.017	0.023
平均冲突概率及总复杂度		28	0.001	0.002	0.004	0.007	0.025	0.068	0.125	0.190
2—6	机—机	2	0.005	0.020	0.041	0.067	0.011	0.040	0.083	0.135
	机—非	14	0.001	0.001	0.002	0.002	0.008	0.017	0.025	0.033
	机—人	12	0.000	0.001	0.001	0.002	0.006	0.012	0.017	0.023
平均冲突概率及总复杂度		28	0.001	0.002	0.004	0.007	0.025	0.068	0.125	0.190
4—4	机—机	4	0.003	0.011	0.023	0.038	0.011	0.043	0.092	0.154
	机—非	18	0.000	0.001	0.001	0.002	0.008	0.017	0.025	0.033
	机—人	12	0.000	0.001	0.001	0.002	0.006	0.012	0.017	0.023
平均冲突概率及总复杂度		34	0.001	0.002	0.004	0.006	0.026	0.071	0.134	0.210
4—6	机—机	4	0.003	0.011	0.023	0.038	0.011	0.043	0.092	0.154
	机—非	18	0.000	0.001	0.001	0.002	0.008	0.017	0.025	0.033
	机—人	12	0.000	0.001	0.001	0.002	0.006	0.012	0.017	0.023
平均冲突概率及总复杂度		34	0.001	0.002	0.004	0.006	0.026	0.071	0.134	0.210
6—6	机—机	6	0.002	0.007	0.016	0.027	0.011	0.044	0.094	0.159
	机—非	22	0.000	0.001	0.001	0.002	0.008	0.017	0.025	0.033
	机—人	12	0.000	0.001	0.001	0.002	0.006	0.012	0.017	0.023
平均冲突概率及总复杂度		40	0.001	0.002	0.003	0.005	0.026	0.072	0.136	0.215

注：数字上标所在行的表格数据为交通需求数值，单位为 veh/h。

从表 5-7 的数据看出，不同类型交叉口复杂度随流量的增加均呈现上升的趋势。以 2—2 型交叉口为例，将表格数据绘成如图 5-10 所示的柱状图。

为了比较不同类型交叉口在同一流量条件下复杂度的变化趋势，现以 $Q=600\text{veh/h}$ 为例描绘不同类型交叉口对应的复杂度，如图 5-11 所示。

从图 5-11 可看出，由于设置了三相位，此时一个方向的机动车与机动车不存在冲突，只有另外一个方向存在冲突，此时随车道数的增加，复杂度大体成上升的趋势。

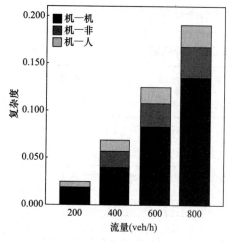 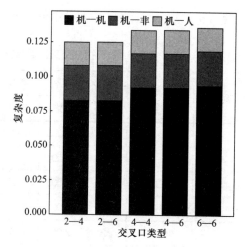

图 5-10　2—2 型交叉口不同流量条件下复杂度　　图 5-11　$Q=600\text{veh/h}$ 条件下不同型式交叉口复杂度

5.3.4　四相位交叉口

当设置四相位时，此时每个方向的左转车流与直行车流分别放行，非机动车与行人随直行机动车方向，此时每个方向至少应两个车道，故以 4—4 型、4—6 型及 6—6 型交叉口为例。从图 5-12 中看出，四相位交叉口此时仅有右转机动车与直行非机动车的交叉冲突点。

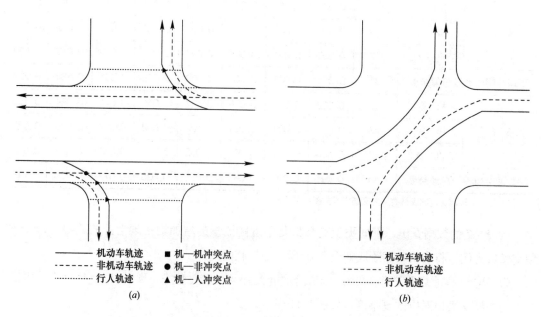

图 5-12　四相位交叉口冲突点示意图（一）

(a) 第一相位；(b) 第二相位

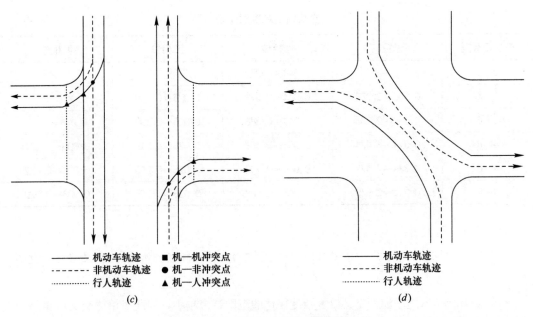

图 5-12 四相位交叉口冲突点示意图（二）

(c) 第三相位；(d) 第四相位

四相位交叉口混合交通流复杂度计算结果　　　　　表 5-8

交叉口类型	冲突点类型	冲突点数	平均冲突概率				复杂度			
			200[1]	400	600	800	200	400	600	800
4—4	机—非	4	0.000	0.001	0.001	0.001	0.002	0.002	0.004	0.006
	机—人	8	0.001	0.001	0.002	0.002	0.004	0.008	0.012	0.016
平均冲突概率及总复杂度		12	0.001	0.001	0.001	0.002	0.006	0.01	0.016	0.022
4—6	机—非	4	0.000	0.001	0.001	0.001	0.002	0.002	0.004	0.006
	机—人	8	0.001	0.001	0.002	0.002	0.004	0.008	0.012	0.016
平均冲突概率及总复杂度		12	0.001	0.001	0.001	0.002	0.006	0.01	0.016	0.022
6—6	机—非	4	0.000	0.001	0.001	0.001	0.002	0.002	0.004	0.006
	机—人	8	0.001	0.001	0.002	0.002	0.004	0.008	0.012	0.016
平均冲突概率及总复杂度		12	0.001	0.001	0.001	0.002	0.006	0.01	0.016	0.022

注：数字上标所在行的表格数据为交通需求数值，单位为 veh/h。

从表 5-8 可看出，此时由于仅存在右转车与直行非机动车的交叉冲突点，而各种不同类型交叉口的流量与冲突点数量均相同，因此此时各种类型交叉口复杂度相同。

5.3.5 不同类型交叉口复杂度对比

根据以上的研究，现将不同类型的交叉口各进口交通需求在 200～800veh/h 变化时其对应的复杂度列于表 5-9 中。

交叉口复杂度对比表　　　　　　　　　　表 5-9

交叉口类型	无控制	两相位	三相位	四相位
2—2	0.303~2.100	0.044~0.357	—	
2—4	0.306~2.253	0.044~0.378	0.025~0.190	—
2—6	0.309~2.296	0.044~0.383	0.025~0.190	—
4—4	0.311~2.424	0.045~0.397	0.026~0.210	0.006~0.022
4—6	0.314~2.472	0.045~0.402	0.026~0.210	0.006~0.022
6—6	0.312~2.519	0.045~0.407	0.026~0.215	0.006~0.022

从表 5-9 中可看出：

(1) 随着相位数的增加，由于交叉口冲突点的数量呈下降的趋势，因此交叉口复杂度随之降低。

(2) 随着相位数的增加，交叉口复杂度变化的范围越来越小，因此多相位交叉口更易于以复杂度为指标进行优化控制。

5.3.6　不同路网密度条件下交叉口复杂度对比

以上研究了单点交叉口在不同条件下其复杂度的数值，现将研究范围拓展为整个城市路网，研究平均路网密度（不考虑道路等级）在高、中、低 3 种情况下整个城市交叉口复杂度的大小。现假设城市范围为 10km×10km 的正方形区域，面积为 100km²，路网均质分布于整个区域，单位车道及整个路网总供给量一定（单位车道总数相等），仅有机动车分布于路网。根据已有的研究[119]，高、中、低 3 种路网密度的取值分别为 12km/km²、6km/km² 及 4km/km²，对应的道路间平均间距分别为 167m、333m 及 500m，交叉口单位车道交通需求分别为 $Q=$ 200veh/h、400veh/h、600veh/h 及 800veh/h，单位车道供给能力可满足交通需求，左转车比例 $f_{la}=0.15$，右转车比例 $f_{ra}=0.20$，直行车临界间隙 $t_{ct}=4.0s$，左转车临界间隙 $t_{cl}=5.0s$，机动车车头时距服从负指数分布，交叉口采用无控制方式。

根据假设条件，城市道路单位车道总数 $N=n \cdot K \cdot S/L$，其中 n 为一条道路双向单位车道数，K 为路网密度，S 为城市面积，若在高、中、低 3 种路网密度下交叉口形式分别为 2—2 型、4—4 型及 6—6 型，则不同路网密度下单位车道总数均为 240 条，对应车道总数分别为 120 条、60 条及 40 条，城市道路交叉口总数分别为 3600 个、900 个及 400 个。现将不同路网密度条件下单点交叉口及整个路网交叉口总复杂度列于表 5-10 中。

不同路网密度条件下交叉口复杂度　　　　　　表 5-10

路网密度 (km/km²)	交叉口类型		单位车道流量（veh/h）			
			200	400	600	800
12	2—2	单点交叉口复杂度	0.123	0.438	0.880	1.404
		路网交叉口复杂度	443	1576	3170	5053
6	4—4	单点交叉口复杂度	0.487	1.716	3.414	5.383
		路网交叉口复杂度	438	1544	3072	4845
4	6—6	单点交叉口复杂度	1.069	3.684	7.186	11.132
		路网交叉口复杂度	427	1474	2874	4453

从表 5-10 中可看出：

(1) 在路网密度相同的情况下，单点交叉口复杂度及路网交叉口总复杂度均随流量的增加而增加。

(2) 在不同路网密度及相同流量条件下，单点交叉口复杂度随路网密度的降低而增加，主要是由于低密度路网对应的交叉口车道数较多，因而冲突点数量较多，在单位车道流量相同的情况下其复杂度必将呈增加的趋势。如以 2—2 型交叉口为参考，4—4 型及 6—6 型单点交叉口复杂度在流量为 200veh/h、400veh/h、600veh/h 及 800veh/h 时分别增加了 2.96 倍和 1.20 倍、2.92 倍和 1.15 倍、2.88 倍和 1.10 倍及 2.83 倍和 1.07 倍，增加的幅度较大。因此对于单点交叉口而言，高密度路网交叉口明显具有较好的运行状态。

(3) 在不同路网密度及相同流量条件下，路网交叉口总复杂度随着路网密度的降低略呈下降的趋势。如以 2—2 型交叉口为参考，4—4 型及 6—6 型交叉口总量下降了 75% 及 56%，但路网交叉口总复杂度在流量为 200veh/h、400veh/h、600veh/h 及 800veh/h 时仅分别下降了 1% 和 4%、2% 和 6%、3% 和 9% 及 4% 和 12%，变化幅度基本在 10% 之内。

6 城市道路交叉口通行效率及与复杂度关系模型

6.1 问题的提出

以上的研究表明：交叉口复杂度综合反映了交叉口交通流之间的冲突状况，即交叉口的冲突点越多、冲突概率越大则交叉口的复杂度越大，交通流运行的有序性受到的影响越明显，交通流越难顺畅通过交叉口。这个结论对于同种类型（交叉口相交道路条数、交叉口各进口道的车道条数、交叉口信号控制形式及交叉口进口道各车道功能的划分相同）的交叉口而言是显然的。

而对于不同类型的交叉口而言，如相位设置不同，则难以得到同样的结论。以典型的两相位及四相位交叉口为例，当四相位交叉口直行机动车行驶时，与之发生冲突的左转机动车均处于等待状态，从复杂度模型构成的参数冲突点、冲突概率来看，此时交叉口虽在空间上存在冲突点，由于单独放行使得交通流在冲突点发生冲突的概率为0，因此复杂度为0，从这个角度看此类交叉口"不复杂"。而相位设置时之所以将左转与直行分离，主要是考虑到二者若同时运行则会产生较为严重的冲突，因此当一方通行时，需牺牲另一方的通行权，从这个角度看，这样的交叉口又显得"很复杂"。图6-1及图6-2反映了两种交叉口交通流的冲突状况。

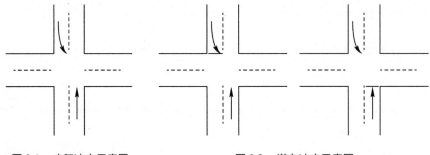

图 6-1　实际冲突示意图　　　　图 6-2　潜在冲突示意图

图 6-1 反映了不同类型不同方向的交通流的运行轨迹不仅在空间上存在冲突点，并且在冲突点可能同时相遇，如两相位交叉口本向直行机动车与对向左转机动车之间的冲突，将这种类型的冲突点定义为"实际冲突"；而图 6-2 反映了不同类型不同方向的交通流运行的轨迹虽然

在空间上存在冲突点,但是在冲突点不可能同时相遇,如四相位交叉口本向直行机动车与对向左转机动车之间的冲突,将这种类型的冲突点定义为"潜在冲突"。因此"实际冲突"交叉口的交通流虽然可能发生冲突,但是二者均可寻求对方车流之间的合适间隙进行穿越;但"潜在冲突"交叉口的交通流的一方穿越时,另一方需停车等待,此时复杂度难以作为比较两种交叉口运行状况的指标,需寻求另外的衡量指标。

6.2 交叉口通行效率

对于发生"实际冲突"的两相位交叉口而言,当直行机动车穿越交叉口时,左转机动车则会降低速度或停车以等待合适的间隙穿越交叉口。而对于发生"潜在冲突"的四相位交叉口而言,当直行机动车运行时,左转机动车则需在停车线等待。故无论何种冲突,穿越交叉口的流量均有所减小,穿越速度均有所降低,但对于交叉口的运行究竟产生了多大的影响,以下主要通过通行效率指标来加以衡量。

德国学者 Werner Brilon 在其一篇论文中曾把交通流的运行与力学中的做功相联系[84]。力学做功原理指出:在外力的作用下,越重的物体以越快的速度在力的方向上运动,则外力做功的效率越高。同样,对于交通流而言,若越多的车辆以越快的速度运行则其通行效率越高。根据以上的分析,某一股交通流的通行效率可用如下的公式表示:

$$E = q \cdot T \cdot v_T \tag{6-1}$$

式中 E——通行效率;

q——平均到达率;

T——分析时段的长度;

v_T——交通流通行的平均速度。

对于交叉口而言,由于交通流在其功能区的通行时间或延误较易测量,因此可用以下的公式来表示交通流的效率:

$$E = \frac{q \cdot T \cdot S}{t_c} = \frac{q \cdot T \cdot S}{t_0 + D} = \frac{q \cdot T \cdot \frac{S}{t_0}}{1 + \frac{D}{t_0}} = \frac{v_0 \cdot q \cdot T}{1 + I_f} = \frac{v_0 \cdot Q}{1 + I_f} \tag{6-2}$$

式中 S——交通流运行轨迹的长度;

t_c——在发生冲突情形下交通流穿越交叉口所需时间;

t_0——在未发生冲突情形下交通流穿越交叉口所需时间;

D——交通流由于冲突在交叉口功能区产生的延误;

v_0——未发生冲突情形下交通流在交叉口功能区的平均运行速度;

Q——交通流在研究时间段的流量;

I_f——交通流的冲突强度,$I_f=(t_c-t_0)/t_0$。

t_c、t_0 为有无冲突发生的情况下交通流在交叉口功能区的运行时间,对于交通流冲突强度 I_f 的取值,可以划分为如下 3 种情况:

(1) 若正在运行的交通流 i 与其他交通流未发生冲突,则定义其 $I_{fi}=0$。

(2) 若正在运行的交通流 i 与其他交通流发生冲突,则 I_{fi} 按照实际冲突状况进行计算。

(3) 若某股交通流 i 在某个时段内在停车线等待,则定义其 $I_{fi}=(t_w-t_0)/t_0$,t_w 为等待时间。对于整个交叉口而言,其在某个分析时间段内的通行效率为各股交通流的效率之和:

$$E=\sum_{i=1}^{m}E_i=\sum_{i=1}^{m}\frac{v_{0i}\cdot Q_i}{1+I_{fi}} \tag{6-3}$$

以上建立了交叉口通行效率的模型,其目的在于:

(1) 如何实现交叉口通行效率的最大化。

(2) 如何应用该模型对不同交叉口的时空资源的利用程度进行评价。

6.3 冲突强度

从通行效率计算模型中可看出,冲突强度 I 是较为关键的参数,本节主要研究表征冲突强度的变量指标及计算方法。由于交通流自身运行特性的差异,使得交通冲突对于不同的交通流产生的影响亦不尽相同,本书用冲突强度来衡量这种影响,定义交通流及冲突点及交叉口的冲突强度如下所示:

$$I_f=\frac{t_c-t_0}{t_0} \tag{6-4}$$

$$I_p=\frac{\sum_{i=1}^{2}Q_iI_{fi}}{\sum_{i=1}^{2}Q_i} \tag{6-5}$$

$$I=\frac{\sum_{i=1}^{n}I_{pi}Q_{pi}}{\sum_{i=1}^{n}Q_{pi}} \tag{6-6}$$

式中 t_c——有冲突发生的情况下交通流在交叉口功能区的运行时间;

t_0——无冲突发生的情况下交通流在交叉口功能区的运行时间;

I_f——冲突交通流的冲突强度；

Q_i——第 i 股冲突交通流的流量；

I_p——冲突点的冲突强度；

I——交叉口的冲突强度；

Q_{pi}——第 i 个冲突点的流量；

n——交叉口冲突点数量。

从冲突强度的计算模型可看出，t_c、t_0 是影响该变量的关键参数，以下应用统计学理论通过具体实例介绍冲突强度的表征统计量。以进香河—学府路交叉口为例，研究机动车与机动车、非机动车及行人 3 种不同类型的冲突强度。

6.3.1 机动车与机动车冲突强度

1. 未发生冲突情况下交叉口功能区机动车流行驶时间

通过对视频文件 80 个周期的数据进行筛选，共获取南进口直行与北进口左转无冲突穿越时间数据个数分别为 375 个及 60 个。如何选择合适的统计量，从而可真实地反映交叉口机动车在有无冲突发生情形下的行驶时间则成为本节研究的核心问题。由概率论和数理统计的知识可知，一般可用均值、中位数、众数、方差、标准差等来反映变量的总体分布特征，在以上众多指标中，以均值的使用最为普遍。一般而言，若均值符合以下的几条准则，则可用此统计量反映变量的总体特征：

(1) 变量的均值、中值较为相近。

(2) 变量数据的分布不能是多峰的。

(3) 标准差小于均值。

(4) 至少有 50% 的数据值小于或等于均值。

现将未发生冲突情形下的机动车行驶时间的数据进行统计处理，结果列于表 6-1 中。

数据统计结果　　　　　　　　　　　　　　表 6-1

统计量	南进口直行机动车	北进口左转机动车
样本数	375	60
均值（s）	2.22	4.84
中值（s）	2.16	4.70
标准差（s）	0.43	1.11
方差（s^2）	0.19	1.23

从表 6-1 中可看出，南进口直行及北进口左转机动车行驶时间均值分别为 2.22s 及 4.84s，

而二者的中值分别为 2.16s 及 4.70s，较为接近，符合第一条准则。另外二者的标准差分布为 0.43 及 1.11，均小于其均值，符合第三条准则。数据的统计图如图 6-3、图 6-4 所示。

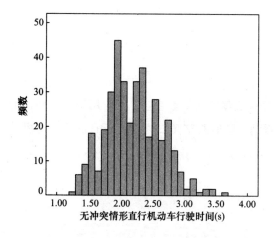

图 6-3 无冲突情形南进口机动车行驶时间

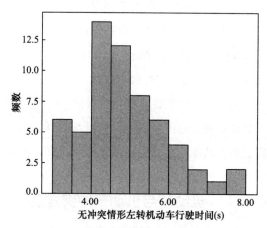

图 6-4 无冲突情形北进口机动车行驶时间

从直方图可看出，无冲突情形机动车行驶时间的分布均不是多峰的，符合第二条准则。另外，南进口直行机动车行驶时间小于其均值 2.22s 的数据累积频率为 55%，北进口左转机动车行驶时间小于其均值 4.84s 的数据累积频率为 58.3%，均超过半数，符合第四条准则。因此可用行驶时间的均值来表征 t_0，$t_{01}=2.22$s，$t_{02}=4.84$s。

2. 发生冲突情况下交叉口功能区机动车流行驶时间

对 80 个周期的数据进行筛选，共获取南进口直行与北进口左转行驶时间数据个数分别为 1265 个及 199 个。同样对数据进行统计分析，结果列于表 6-2 中。

数据统计结果　　　　表 6-2

统计量	南进口直行机动车	北进口左转机动车
样本数	1265	199
均值（s）	3.70	7.87
中值（s）	3.40	7.48
标准差（s）	1.75	4.73
方差（s²）	3.06	22.33

从表 6-2 中可看出，均值分别为 3.70s 及 7.87s，而二者的中值分别为 3.40s 及 7.48s，较为接近，符合第一条准则。另外二者的标准差分布为 1.75 及 4.73，均小于其均值，符合第三条准则。

从直方图可看出，有冲突行驶时间的分布均不是多峰的，符合第二条准则。另外，南进口直行有冲突行驶时间小于其均值 3.70s 的数据累积频率为 60.8%，北进口左转有冲突行驶时间小于其均值 7.87s 的数据累积频率为 69.3%，均超过半数，符合第四条准则。因此可用无冲突行驶时间的均值来表征 t_c，$t_{c1}=3.70s$，$t_{c2}=7.87s$。

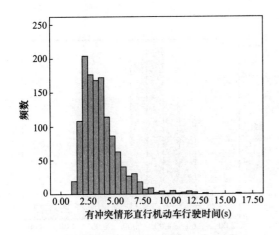

图 6-5 有冲突情形南进口机动车行驶时间

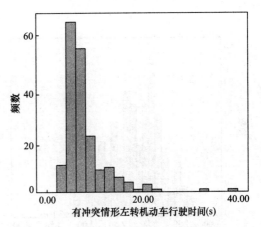

图 6-6 有冲突情形北进口机动车行驶时间

3. 冲突强度

已知 $Q_1=1265\text{veh}$，$Q_2=199\text{veh}$，$t_{c1}=3.70s$，$t_{c2}=7.87s$，$t_{01}=2.22s$，$t_{02}=4.84s$，代入式（6-4）和式（6-5），可得到 $I_{f1}=0.67$，$I_{f2}=0.63$，$I_p=0.66$。

6.3.2 机动车与非机动车冲突强度

以进香河—学府路交叉口为例，研究南进口直行机动车与北进口左转非机动车的冲突强度。通过对视频文件的采集，共获取 89 个周期的机动车穿越交叉口的数据。

1. 未发生冲突情况下行驶时间

通过对 89 个周期视频文件的数据进行采集，共获取南进口机动车无冲突行驶时间样本 375 个，非机动车样本 52 个，对数据进行统计处理，结果列于表 6-3 中。

数据统计结果　　　　表 6-3

统计量	南进口直行机动车	北进口左转非机动车
样本数	375	52
均值（s）	2.22	4.46
中值（s）	2.16	4.34
标准差（s）	0.43	1.09
方差（s^2）	0.19	1.20

仍以以上的 4 条准则判断均值是否可反映变量的特征。从表 6-3 中可看出，均值分布为 2.22s 及 4.46s，而二者的中值分别为 2.16s 及 4.34s，较为接近，符合第一条准则。另外二者

的标准差分布为 0.43 及 1.09，均小于其均值，符合第三条准则。数据的统计图如图 6-7、图 6-8 所示。

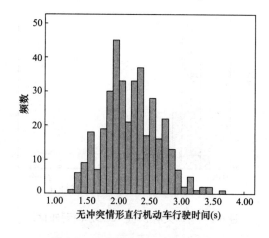

图 6-7　直行机动车无冲突行驶时间　　　　图 6-8　左转非机动车无冲突行驶时间

从直方图可看出，无冲突行驶时间的分布均不是多峰的，符合第二条准则。另外，南进口直行机动车无冲突行驶时间小于其均值 2.22s 的数据累积频率为 55%，北进口左转非机动车无冲突行驶时间小于其均值 4.34s 的数据累积频率为 51%，均超过半数，符合第四条准则。因此可用无冲突行驶时间的均值来表征 t_0，$t_{01}=2.22$s，$t_{02}=4.46$s。

2. 发生冲突情况下行驶时间

对 89 个周期的数据进行筛选，共获取有冲突情形下南进口直行机动车与北进口左转非机动车行驶时间样本数分别为 546 个及 347 个。对数据进行统计分析，结果列于表 6-4 中。

数据统计结果　　　　　　　　　　　　　　　　表 6-4

统计量	南进口直行机动车	北进口左转非机动车
样本数	546	347
均值（s）	2.49	7.59
中值（s）	2.32	5.44
标准差（s）	0.86	5.60
方差（s^2）	0.74	31.35

从表 6-4 中数据可看出，均值分别为 2.49s 及 7.59s，而二者的中值分别为 2.32s 及 5.44s，南进口直行机动车符合第一条准则。而对于北进口左转非机动车而言，其中值与均值存在较大的差异，究其原因，可能是由于机动车成车队穿越交叉口时，非机动车需等待较长时间方能穿越，导致非机动车的行驶时间有一定的离散型。另外对于南进口直行机动车而言，其方差小于均值，符合第三条准则。

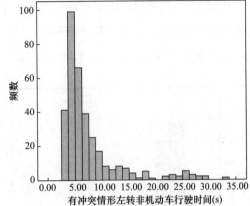

图 6-9 直行机动车有冲突行驶时间　　　图 6-10 左转非机动车有冲突行驶时间

从直方图可看出，有冲突情形下南进口直行机动车行驶时间的分布不是多峰的，符合第二条准则。另外，南进口直行行驶时间小于其均值 2.49s 的数据累积频率为 61%，符合第四条准则。因此可用南进口直行机动车行驶时间的均值来表征 t_c，$t_{c1}=2.49s$，对于北进口左转非机动车而言，由于其均值与中值存在一定的差异，可使用 50% 分位数来代表均值，因此，$t_{c2}=5.44s$。

3. 冲突强度

已知 $Q_1=546\text{veh}$，$Q_2=347\text{bic}$，$t_{c1}=2.49s$，$t_{c2}=5.44s$，$t_{01}=2.22s$，$t_{02}=4.46s$，代入式（6-4）和式（6-5），可得到 $I_{f1}=0.12$，$I_{f2}=0.22$，$I_p=0.16$。

6.3.3 机动车与行人冲突强度

以进香河—学府路交叉口为例，研究西进口左转机动车与东西向人行横道行人的冲突强度。通过对视频文件的采集，共获取 59 个周期的机动车与行人穿越交叉口的数据。

1. 未发生冲突情况下交叉口功能区运行时间

通过对 59 个周期视频文件的数据进行采集，共获取西进口无冲突情形下左转机动车行驶时间样本 69 个，行人时间样本 147 个，对数据进行统计处理，结果列于表 6-5 中。

数据统计结果　　　　　　　　　　表 6-5

统计量	西进口左转机动车	东西向行人
样本数	69	147
均值（s）	2.88	12.92
中值（s）	2.72	12.84
标准差（s）	1.12	1.65
方差（s^2）	1.26	2.72

从表 6-5 中可看出，均值分别为 2.88s 及 12.92s，而二者的中值分别为 2.72s 及 12.84s，均值与中值较为接近，符合第一条准则。另外二者的标准差分布为 1.12 及 1.65，均小于其均值，符合第三条准则。数据的统计图如图 6-11、图 6-12 所示。

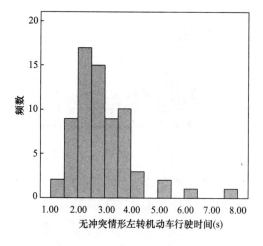

图 6-11　左转机动车无冲突行驶时间　　　图 6-12　东西向行人无冲突步行时间

从直方图可看出，无冲突情形下左转机动车行驶时间与行人步行时间的分布均不是多峰的，符合第二条准则。另外，西进口左转机动车行驶时间小于其均值 2.88s 的数据累积频率为 58%，行人步行时间小于其均值 12.92s 的数据累积频率为 53%，均超过半数，符合第四条准则。因此可用其均值来表征 t_0，$t_{01}=2.88$s，$t_{02}=12.92$s。

2. 发生冲突情况下交叉口功能区运行时间

对 59 个周期的数据进行筛选，共获取西进口左转与东西向行人时间样本数分别为 148 个及 250 个。对数据进行统计分析，结果列于表 6-6 中。

数据统计结果　　　　　　　　　　表 6-6

统计量	西进口左转机动车	东西向行人
样本数	148	250
均值（s）	3.86	13.92
中值（s）	3.68	13.64
标准差（s）	1.55	2.53
方差（s^2）	2.39	6.38

从表 6-6 中可看出，发生冲突情形下时间均值分别为 3.86s 及 13.92s，而二者的中值分别为 3.68s 及 13.64s，基本相等，符合第一条准则。另外二者的标准差均小于其均值，符合第三条准则。数据的统计图如图 6-13、图 6-14 所示。

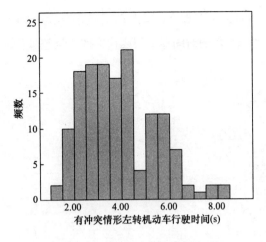 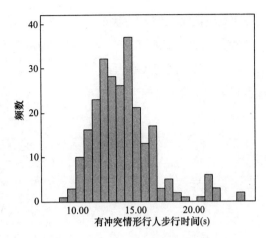

图 6-13　左转机动车有冲突行驶时间　　图 6-14　东西向行人有冲突步行行驶时间

从直方图可看出，西进口左转机动车行驶时间与行人步行时间的分布均不是多峰的，符合第二条准则。另外，西进口左转机动车行驶时间小于其均值 3.86s 的累积频率为 57%，行人步行时间小于其均值 13.92s 的累积频率为 51%，均超过 50%，符合第四条准则。因此可用其均值来表征 t_c，$t_{c1}=3.86$s，$t_{c2}=13.92$s。

3. 冲突强度

已知 $Q_1=148$veh，$Q_2=250$ped，$t_{c1}=3.86$s，$t_{c2}=13.92$s，$t_{01}=2.88$s，$t_{02}=12.92$s，代入式 (6-4) 和式 (6-5)，可得到 $I_{f1}=0.34$，$I_{f2}=0.08$，$I_p=0.18$。

6.4　通行效率与冲突强度关系

根据以上的研究，通行效率及冲突强度的计算模型可表示为如下形式：

$$E=\sum_{i=1}^{m}E_i=\sum_{i=1}^{m}\frac{v_{0i}\cdot Q_i}{1+I_{fi}} \tag{6-7}$$

$$I=\frac{\sum_{i=1}^{n}I_{pi}Q_{pi}}{\sum_{i=1}^{n}Q_{pi}} \tag{6-8}$$

以下分别研究"潜在冲突"及"实际冲突"情形下交叉口通行效率与冲突强度的关系。

6.4.1　"潜在冲突"交叉口通行效率与冲突强度关系

为了避免发生冲突，可采用单独放行冲突交通流的方法，此时当某几股交通流运行时，其他冲突交通流需在停车线等待,使得在停车线等待的交通流通行效率为 0,称这种状态的冲突为"潜在冲突"。此时 $I_{fi}=0$,$t_{ci}=G_j$,即停车交通流等待的时间等于与之冲突的交通流放行的时间,则交叉口通行效率为:

$$E=\sum_{i=1}^{m}E_i=\sum_{i=1}^{m}v_{0i}\cdot Q_i \tag{6-9}$$

$$I_p=\frac{\sum_{i=1}^{2}Q_i\cdot\frac{t_{ci}-t_{0i}}{t_{0i}}}{\sum_{i=1}^{2}Q_i} \tag{6-10}$$

$$I=\frac{\sum_{i=1}^{n}I_{pi}Q_{pi}}{\sum_{i=1}^{n}Q_{pi}} \tag{6-11}$$

符号含义同上。

以宁海路—汉口西路交叉口为例,分析其北进口直行与南进口左转这两股冲突的机动车流。首先研究北进口直行与南进口左转机动车在未发生冲突情形下其平均运行速度 v_0 与交叉口功能区的车辆数 Q 的函数关系。

1. 北进口直行机动车速度—流量关系模型研究

以每个周期作为分析时间段,通过对视频文件的采集,共获取 110 个周期 930 辆机动车的数据(表 6-7)。

北进口直行机动车数据一览表　　表 6-7

车辆数（veh）	平均行驶时间（s）	平均行驶速度（km/h）
1	4.76	13.61
2	5.12	12.66
3	5.24	12.37
4	5.67	11.43
5	5.83	11.11
6	5.76	11.25
7	5.68	11.41
8	6.35	10.20
9	6.76	9.59
10	6.3	10.29
11	6.47	10.02
12	6.86	9.45
13	7.16	9.05
14	7.93	8.17
15	7.52	8.62

为了确定平均运行速度 v_0 与交叉口功能区的车辆数 Q 之间的函数关系，对表 6-7 第一列的数据与第三列的数据进行拟合，结果见表 6-8。

数据拟合结果 表 6-8

拟合函数	R^2	常数 C	一次系数 b_1	二次系数 b_2	三次系数 b_3
一次函数	0.927	13.284	−0.334	—	—
二次函数	0.927	13.655	−0.456	0.008	—
三次函数	0.935	14.264	−0.859	0.068	−0.002

不同函数的拟合情况如图 6-15 所示。

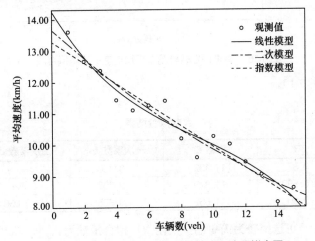

图 6-15　北进口直行机动车平均速度—流量拟合图

从图表可看出，不同函数的拟合程度差异不大，为简单起见，可采用一次函数来表示：

$$v_0 = -0.334Q + 13.284 \tag{6-12}$$

2. 南进口左转机动车速度—流量关系模型研究

对于视频文件的采集，共获取南进口左转机动车数据 60 个周期，见表 6-9。

南进口左转机动车数据一览表 表 6-9

车辆数（veh）	平均行驶时间（s）	平均行驶速度（km/h）
1	6.53	10.92
2	6.62	10.77
3	7.40	9.63
4	7.86	9.07
5	8.99	7.93
6	7.63	9.34
7	10.00	7.13
8	9.50	7.50
9	10.75	6.63
10	10.53	6.77
11	10.69	6.67

对表 6-9 中数据分别采用一次、二次及三次函数拟合，如图 6-16 所示。

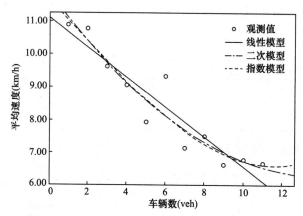

图 6-16 南进口左转机动车平均速度—流量拟合图

拟合的结果见表 6-10。

数据拟合结果 表 6-10

拟合函数	R^2	常数 C	一次系数 b_1	二次系数 b_2	三次系数 b_3
一次函数	0.873	11.132	−0.456	—	—
二次函数	0.899	11.870	−0.797	0.028	—
三次函数	0.900	11.662	−0.625	−0.006	0.002

从拟合精度来看，可选择较为简单的一次函数，拟合函数为：

$$v_0 = -0.456Q + 11.132 \tag{6-13}$$

直行车绿灯时间 $G_1=45\text{s}$，左转车绿灯时间 $G_2=25\text{s}$，此时交叉口通行效率为：

$$E = E_1 + E_2 = 0.64Q_1(-0.334Q_1 + 13.284) + 0.36Q_2(-0.456Q_2 + 11.132) \tag{6-14}$$

交叉口冲突强度为：

$$I = \frac{4.25Q_1 + 5.21Q_2}{Q_1 + Q_2} \tag{6-15}$$

可行域为：

$$\begin{aligned} E_1 &> 0 \\ E_2 &> 0 \\ Q_1 &> 0 \\ Q_2 &> 0 \end{aligned} \tag{6-16}$$

可得到可行域为：$\Omega = \{Q_1 \in [1,39], Q_2 \in [1,24]\}$。交叉口通行效率 E—冲突强度 I 散点如图 6-17 所示。

对于"潜在冲突"情形而言，从图 6-17 中可看出，交叉口通行效率随着冲突强度呈抛物线变化。即先随着冲突强度的增加而增加，而后呈现相反的趋势。从冲突强度及通行效率的计算模型可看出，随着流量的增加，冲突强度一直呈现上升的趋势；当流量较低时，由于交叉口

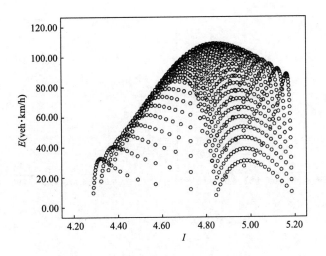

图 6-17 交叉口通行效率—冲突强度散点图

资源没有得到充分利用,此时的通行效率也较低,随着流量的增加,通行效率亦随之增加,但当流量增加到一定程度,此时车辆之间的冲突加剧,导致速度有较为明显的降低,因而通行效率随着流量的增加又呈现下降的趋势,故整个曲线类似于抛物线的形态。

对于固定的 Q_1 而言,当 $I \in \left(0, \dfrac{4.25Q_1+64}{Q_1+12}\right)$ 时,通行效率随冲突强度的增加而增加,$I \in \left[\dfrac{4.25Q_1+64}{Q_1+12}, \dfrac{1.52Q_1+128}{Q_1+12}\right]$ 时,通行效率随冲突强度的增加而降低。

同样对于固定的 Q_2 而言,当 $I \in \left(0, \dfrac{5.21Q_2+86}{Q_2+20}\right)$ 时,通行效率随冲突强度的增加而增加,当 $I \in \left[\dfrac{5.21Q_2+86}{Q_2+20}, \dfrac{5.21Q_2+172}{Q_2+20}\right]$ 时,通行效率随冲突强度的增加而降低。

选取 Q_1 =1veh、10veh、20veh、30veh、39veh,Q_2 依次取 [1,24] 内的数值得到以下 5 幅拟合图(图 6-18~图 6-22),其他数值的曲线可依照计算模型获得散点后进行拟合。

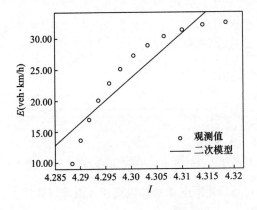
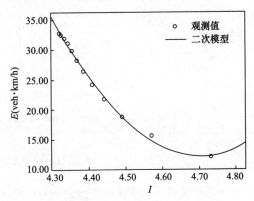

图 6-18 Q_1 = 1veh 时 E—I 拟合图

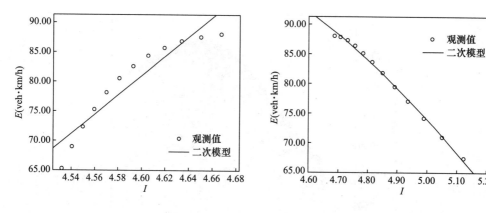

图 6-19　$Q_1 = 10$veh 时 E—I 拟合图

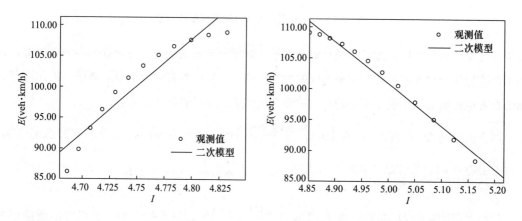

图 6-20　$Q_1 = 20$veh 时 E—I 拟合图

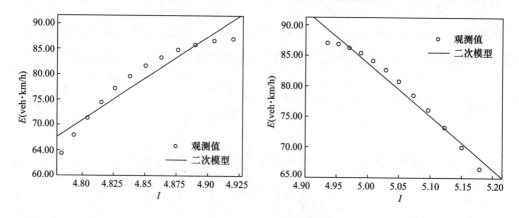

图 6-21　$Q_1 = 30$veh 时 E—I 拟合图

由于上升区间及下降区间曲线走向有所差异，难以用同一函数加以描述，因此按照以上划分的两个区间分别采用两个不同的二次曲线拟合。

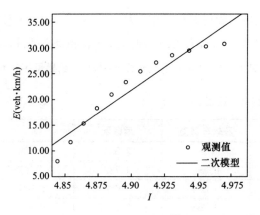 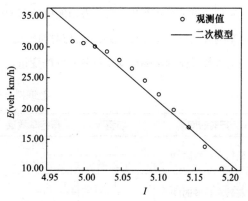

图 6-22 $Q_1=39$veh 时 $E—I$ 拟合图

拟合函数参数一览表　　　　　　　　　　表 6-11

Q_1（veh）	区间	系数			R^2
		b_0	b_1	b_2	
1	上升区间	-3085.84	-723.14	0	0.850
	下降区间	3170.76	-1342.46	142.65	0.997
10	上升区间	-672.60	163.82	0	0.885
	下降区间	0212.10	168.70	-22.30	0.997
20	上升区间	-627.62	153.21	0	0.902
	下降区间	269.95	0	-6.76	0.981
30	上升区间	-716.32	164.02	0	0.912
	下降区间	298.21	0	-8.57	0.971
39	上升区间	-852.61	178.45	0	0.918
	下降区间	287.41	0	-10.23	0.965

从表 6-11 中数据可看出，用二次曲线拟合能满足精度要求。

6.4.2 "实际冲突" 交叉口通行效率与冲突强度关系

由于冲突强度是通行效率的参数，故二者存在着确定的函数关系。但由于通行效率模型中含有另外一个参数 v_{0i}，因此，要想得到二者的函数表达式，需以 Q_i 为自变量，v_{0i}、I_{fi} 及 E 为因变量，表示为 $E=\sum_{i=1}^{m}\dfrac{f_{1i}(Q_i)\cdot Q_i}{1+f_{2i}(Q_i)}$，其中 $v_{0i}=f_{1i}(Q_i)$，$I_{fi}=f_{2i}(Q_i)$。

选取进香河—学府路交叉口为例，研究北进口左转机动车与南进口直行机动车的通行效率与冲突强度的关系，共获取有效数据 73 组。将模型进行变形：

$$E=\sum_{i=1}^{2}\frac{v_{0i}\cdot Q_i}{1+I_{fi}}=\sum_{i=1}^{2}\frac{v_{0i}\cdot Q_i}{1+\dfrac{t_{ci}-t_{0i}}{t_{0i}}}=\sum_{i=1}^{2}\frac{t_{0i}\cdot v_{0i}\cdot Q_i}{t_{ci}}=\sum_{i=1}^{2}\frac{S_i\cdot Q_i}{t_{ci}} \qquad (6-17)$$

从以上的分析可得出，南北进口的机动车的行驶时间与本方向的机动车数量有关，但由于对向机动车与本向机动车存在冲突，故与对向机动车的数量亦应有关，因此选取本向机动车数量与对向机动车数量作为影响机动车行驶时间的变量。对采集的数据采用二元线性拟合，结果见表 6-12。

数据拟合结果一览表　　　表 6-12

行驶时间	模型	直行车数量	左转车数量	常数项	R^2
直行车行驶时间	1	0.137	—	2.554	0.463
	2	0.124	0.388	1.733	0.707
左转车行驶时间	1	—	1.861	4.099	0.572
	2	0.266	1.756	0.269	0.684

从表 6-12 结果可看出，无论对于直行车或左转车而言，二元拟合的精度要高于一元拟合的精度，且从拟合的系数可看出，左转车的数量对于行驶时间的影响起到较大的作用。拟合结果如下：

$$t_{c1} = 0.124 Q_1 + 0.388 Q_2 + 1.733$$
$$t_{c2} = 0.266 Q_1 + 1.756 Q_2 + 0.269 \tag{6-18}$$

S_i 为交通流运行轨迹长度，$S_1 = 15.6 \text{m}$，$S_2 = 24 \text{m}$，$t_{01} = 2.24 \text{s}$，$t_{02} = 4.84 \text{s}$。

设定可行域：

$$\begin{aligned} v_{01} &\geqslant 0 \\ v_{02} &\geqslant 0 \\ Q_1 &\geqslant 0 \\ Q_2 &\geqslant 0 \\ I_{f1} &\geqslant 0 \\ I_{f2} &\geqslant 0 \end{aligned} \tag{6-19}$$

可行域为：

$$A = \{\Omega(Q_1 \in [0,39], Q_2 \in [0,24]) - \Omega(I_{f1} < 0, I_{f2} < 0)\} \tag{6-20}$$

$Q_1 \in [0,39]$，$Q_2 \in [0,24]$，共 1000 个可行值，去除其中 $I_{f1} < 0$，$I_{f2} < 0$ 的数值，共得到 925 个可行数值。

$$E = \frac{15.6 Q_1}{0.124 Q_1 + 0.388 Q_2 + 1.733} + \frac{24 Q_2}{0.266 Q_1 + 1.756 Q_2 + 0.269}$$

$$\begin{aligned} I &= p_1 I_{f1} + p_2 I_{f2} \\ &= \frac{Q_1}{Q_1 + Q_2} \cdot \left(\frac{t_{c1}}{t_{01}} - 1\right) + \frac{Q_2}{Q_1 + Q_2} \cdot \left(\frac{t_{c2}}{t_{02}} - 1\right) \\ &= \frac{Q_1}{Q_1 + Q_2} \cdot \left(\frac{0.124 Q_1 + 0.388 Q_2 + 1.733}{2.22} - 1\right) + \frac{Q_2}{Q_1 + Q_2} \cdot \left(\frac{0.266 Q_1 + 1.756 Q_2 + 0.269}{4.84} - 1\right) \end{aligned}$$

$$\tag{6-21}$$

式中 p_1——直行车的比例；

p_2——左转车的比例。

E 与 I 的散点图如图 6-23 所示。

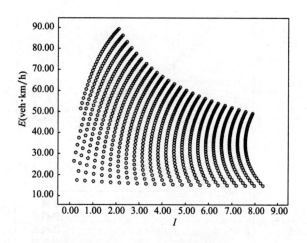

图 6-23 E—I 关系散点图

从图 6-23 中可看出，随着冲突强度 I 的增大，通行效率 E 有下降的趋势。但对于不同的流量，E—I 的关系成不同的变化趋势，因此，若想得到 E—I 的函数关系，需分析不同流量情况下二者的函数关系。选取 Q_1＝1veh、10veh、20veh、30veh、39veh，Q_2 依次取 [0，24] 内的数值，得到以下 5 幅 E—I 的散点图（图 6-24～图 6-28），并采用吻合程度最高的 4 种函数进行拟合，结果如下所示：

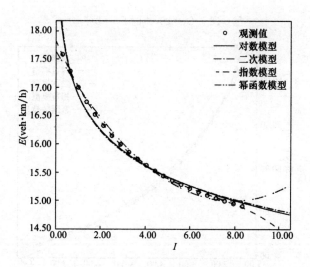

图 6-24 Q_1＝1veh 时 E—I 拟合图

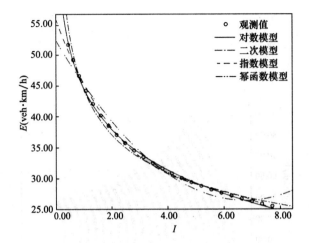

图 6-25　$Q_1=10$veh 时 E—I 拟合图

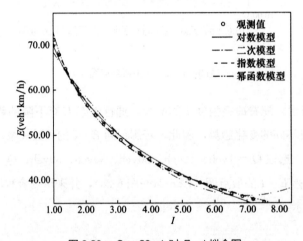

图 6-26　$Q_1=20$veh 时 E—I 拟合图

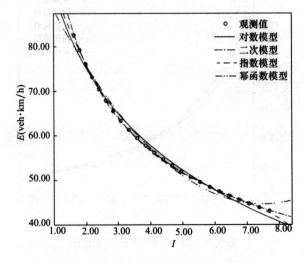

图 6-27　$Q_1=30$veh 时 E—I 拟合图

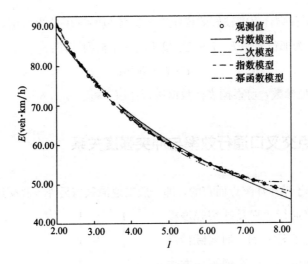

图 6-28　$Q_1 = 39\text{veh}$ 时 $E—I$ 拟合图

各种情形下不同函数的拟合参数见表 6-13。

拟合模型参数一览表　　　　表 6-13

拟合模型	Q_1（veh）	系数				R^2
		b_0	b_1	b_2	b_3	
$E = b_0 + b_1 \ln I$	1	16.87	-0.90	—	—	0.98
	10	44.52	-9.51	—	—	1.00
	20	70.19	-17.92	—	—	1.00
	30	91.94	-24.72	—	—	0.99
	39	109.24	-29.86	—	—	0.99
$E = b_0 + b_1 I + b_2 I^2$	1	17.63	-0.76	0.04	—	0.99
	10	52.30	-7.67	0.57	—	0.98
	20	80.08	-12.45	0.89	—	0.99
	30	101.92	-15.36	1.03	—	0.99
	39	118.27	-16.97	1.06	—	1.00
$E = b_0 + b_1 I +$ $b_2 I^2 + b_3 I^3$	1	17.82	-0.91	0.11	-0.01	1.00
	10	55.73	-12.19	1.94	-0.11	0.98
	20	88.47	-20.89	3.18	-0.18	1.00
	30	115.52	-26.64	3.75	-0.20	1.00
	39	136.49	-30.12	3.94	-0.20	1.00
$E = b_0 I^{b_1}$	1	16.87	-0.06	—	—	0.97
	10	44.45	-0.26	—	—	0.99
	20	73.22	-0.36	—	—	1.00
	30	100.62	-0.42	—	—	1.00
	39	124.77	-0.45	—	—	1.00

表 6-13 列出了 4 种吻合程度较好的模型在不同流量情况下的参数值，为简便起见，本书选择对数曲线模型作为通行效率 E 与冲突强度 I 的关系模型，即：

$$E = b_0 + b_1 \ln I \tag{6-22}$$

式中 b_0、b_1——模型参数，可根据表格数据进行插值求得。

6.4.3 多冲突点交叉口通行效率与冲突强度关系

以上研究均为基于单个冲突点而言的，即一股交通流只与另外一股交通流产生一个冲突点的情形，此时交通流通行效率及冲突强度模型均为基于该冲突点而建立的。而实际情况下可能存在单股交通流与多股交通流均发生冲突的情况，如两相位交叉口本向左转机动车与对向直行机动车、直行非机动车及行人均存在冲突，此时需将多冲突的情形分解为单冲突的情形，从而便于建立基于冲突点通行效率与冲突强度的模型。冲突图示如图 6-29 所示。

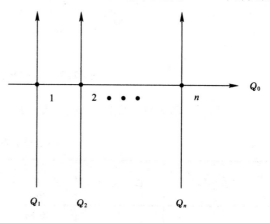

图 6-29 多冲突点情形示意图

假设现第 0 股交通流同时与 n 股交通流发生冲突，流量分别为 Q_0、Q_1、Q_2、……Q_n。第 0 股交通流依次通过各个冲突点后驶出交叉口，其在整个交叉口的通行效率可用 $h(Q_0, Q_1, Q_2, \cdots\cdots Q_n)$ 表示。由于某 i 个冲突点的存在使得第 0 股交通流穿越交叉口的时间为 t_{0i}，则：

$$t_{0i} = f(Q_1, Q_i) \tag{6-23}$$

在该冲突点产生的冲突延误为：

$$t_{0ip} = f(Q_1, Q_i) - t_{00} \tag{6-24}$$

t_{00} 为无冲突情形下第 0 股交通流穿越交叉口的时间，则在某 i 个冲突点第 0 股交通流的冲突强度为：

$$I_{f0i} = \frac{t_{0ip}}{t_{00}} = \frac{f(Q_1, Q_i) - t_{00}}{t_{00}} \tag{6-25}$$

I_{f0i} 为由于第 0 股与第 i 股发生冲突造成的第 0 股的冲突强度。第 0 股交通流在整个交叉口的通行效率为：

$$E_0 = \frac{v_{00} Q_0}{1 + I_{f0}} = \frac{v_{00} \cdot t_{00} \cdot Q_0}{\left[\sum_{i=1}^{n}(f(Q_1, Q_i) - t_{00})\right] + t_{00}} = \frac{v_{00} \cdot Q_0}{\left(\sum_{i=1}^{n} I_{f0i}\right) + 1} \tag{6-26}$$

6.5 通行效率与流量关系模型

从以上研究得出交叉口的通行效率为 $E=\sum_{i=1}^{m}\dfrac{v_{0i}\cdot Q_i}{1+I_{fi}}$，式中包括 3 个参数 v_{0i}、Q_i 及 I_{fi}，若欲实现通行效率的最大化，需研究 3 个参数之间的函数关系。下面首先研究交通流在无冲突情形下的运行速度 v_{0i} 与其在某个时间段的流量 Q_i 之间的关系模型。

6.5.1 "潜在冲突"情形下交叉口通行效率最大化

对于"潜在冲突"交叉口而言，由于 $I_{fi}=0$，因此 $E=\sum_{i=1}^{m}v_{0i}\cdot Q_i$，交叉口通行效率的最大化仅需每股交通流实现最大化即可。

1. 北进口直行机动车通行效率最大化

基于以上研究的速度—流量关系模型，通行效率模型可用以下模型表示：

$$E=Q(-0.334Q+13.284) \qquad (6\text{-}27)$$

此时若要使得此机动车流效率最大，则：

令 $\dfrac{\mathrm{d}E}{\mathrm{d}Q}=0$，可得：

$$Q=20 \qquad (6\text{-}28)$$

即当每个周期北进口机动车流量为 20 辆时，此时北进口机动车的通行效率可达到最大。

2. 南进口左转机动车通行效率通行效率最大化

基于以上的速度—流量模型，南进口左转机动车通行效率可表示为如下形式：

$$E=Q(-0.456Q+11.132) \qquad (6\text{-}29)$$

若要使得该股交通流通行效率最大化，令 $\dfrac{\mathrm{d}E}{\mathrm{d}Q}=0$，可得：

$$Q=12 \qquad (6\text{-}30)$$

即当每个周期南进口左转机动车流量为 12 辆时，此时其通行效率可达到最大。

因此，当北进口直行机动车流量与南进口左转机动车流量分别为 20 辆与 12 辆时，此"潜在冲突"交叉口两股机动车流通行效率可达到最大。

6.5.2 "实际冲突" 情形下交叉口通行效率最大化

1. Q 与 I 关系模型研究

在有冲突情况下，由于冲突强度 $I \neq 0$，此时 $E = \sum_{i=1}^{m} \dfrac{v_{0i} \cdot Q_i}{1+I_{fi}}$，故在以上 $v_0 \sim Q$ 研究成果的基础上，还需确定 Q 与 I_{fi} 之间的关系。将 $E = \sum_{i=1}^{m} \dfrac{v_{0i} \cdot Q_i}{1+I_{fi}}$ 略作变形，可得到：

$$E = \sum_{i=1}^{m} \frac{v_{0i} \cdot Q_i}{1+I_{fi}} = \sum_{i=1}^{m} \frac{v_{0i} \cdot Q_i}{1+\dfrac{t_{ci}-t_{0i}}{t_{0i}}} = \sum_{i=1}^{m} \frac{t_{0i} \cdot v_{0i} \cdot Q_i}{t_{ci}} \tag{6-31}$$

因此只需确定 t_{ci} 与 Q_i 的关系模型。从以上的研究成果可得出如下的函数关系：

$$\begin{aligned} t_{c1} &= 0.124Q_1 + 0.388Q_2 + 1.733 \\ t_{c2} &= 0.266Q_1 + 1.756Q_2 + 0.269 \end{aligned} \tag{6-32}$$

2. "实际冲突" 交叉口通行效率最大化

根据以上的研究，此时交叉口通行效率仍为各股交通流通行效率之和：

$$E = E_1 + E_2 = \frac{t_{01} \cdot Q_1(-0.334Q_1 + 13.284)}{0.124Q_1 + 0.388Q_2 + 1.733} + \frac{t_{02} \cdot Q_2(-0.456Q_2 + 11.132)}{0.266Q_1 + 1.756Q_2 + 0.269} \tag{6-33}$$

代入数据，$t_{01} = 2.22\text{s}$，$t_{02} = 4.84\text{s}$，则：

$$E = \frac{2.22Q_1(-0.334Q_1 + 13.284)}{0.124Q_1 + 0.388Q_2 + 1.733} + \frac{4.84Q_2(-0.456Q_2 + 11.132)}{0.266Q_1 + 1.756Q_2 + 0.269} \tag{6-34}$$

若要通行效率最大，可分别令 $\dfrac{\partial E}{\partial Q_1} = 0$，$\dfrac{\partial E}{\partial Q_2} = 0$。但由于表达式过于复杂，驻点不易求解，故可罗列出所有可行解从中择优。

约束条件为：

$$\begin{aligned} E_1 &\geqslant 0 \\ E_2 &\geqslant 0 \\ Q_1 &\geqslant 0 \\ Q_2 &\geqslant 0 \end{aligned} \tag{6-35}$$

即：

$$\begin{aligned} -0.334Q_1 + 13.284 &\geqslant 0 \\ -0.456Q_2 + 11.132 &\geqslant 0 \\ Q_1 &\geqslant 0 \\ Q_2 &\geqslant 0 \end{aligned} \tag{6-36}$$

可得到可行域：

$$0 \leqslant Q_1 \leqslant 39$$
$$0 \leqslant Q_2 \leqslant 24 \tag{6-37}$$

可行域内 Q_1、Q_2 的可行解分别为 40 个及 25 个，因此共有 1000 通行效率的可行解。

令：
$$A_1 = Q_1(-0.334Q_1 + 13.284)$$
$$A_2 = Q_2(-0.456Q_2 + 11.132) \tag{6-38}$$
$$B_1 = 0.124Q_1 + 0.388Q_2 + 1.733$$
$$B_2 = 0.266Q_1 + 1.756Q_2 + 0.269$$

对 1000 个计算结果按照通行效率从大到小进行排序，将前 20 位列于表中，见表 6-14。

交叉口通行效率优化结果　　　　　　　表 6-14

Q_1(veh)	Q_2(veh)	A_1	B_1	A_2	B_2	E_1(veh·km/h)	E_2(veh·km/h)	E(veh·km/h)
13	1	116.25	3.73	10.68	5.48	69.75	8.72	78.48
14	1	120.51	3.86	10.68	5.75	69.99	8.32	78.31
12	1	111.31	3.61	10.68	5.22	69.09	9.17	78.26
13	0	116.25	3.35	0.00	3.73	77.84	0.00	77.84
14	0	120.51	3.47	0.00	3.99	77.82	0.00	77.82
15	1	124.11	3.98	10.68	6.02	69.83	7.95	77.78
11	1	105.71	3.49	10.68	4.95	67.95	9.66	77.61
12	0	111.31	3.22	0.00	3.46	77.41	0.00	77.41
15	0	124.11	3.59	0.00	4.26	77.37	0.00	77.37
16	1	127.04	4.11	10.68	6.28	69.32	7.61	76.94
16	0	127.04	3.72	0.00	4.53	76.56	0.00	76.56
10	1	99.44	3.36	10.68	4.69	66.27	10.21	76.48
11	0	105.71	3.10	0.00	3.20	76.46	0.00	76.46
13	2	116.25	4.12	20.44	7.24	63.19	12.65	75.84
17	1	129.30	4.23	10.68	6.55	68.49	7.31	75.79
14	2	120.51	4.25	20.44	7.51	63.59	12.20	75.79
12	2	111.31	4.00	20.44	6.97	62.38	13.13	75.51
15	2	124.11	4.37	20.44	7.77	63.63	11.78	75.42
17	0	129.30	3.84	0.00	4.79	75.41	0.00	75.41
10	0	99.44	2.97	0.00	2.93	74.92	0.00	74.92

从表 6-14 中数据可看出，若要实现交叉口通行效率的最大化，左转车的流量不宜太大，若要实现通行效率的最大化则需严格限制左转机动车的通行。但是考虑到交通的便利性及通达

性，限制左转车的通行办法操作性不强。在实际操作中，为了降低左转车的影响，较多采用的是将直行车与左转车分别放行的办法，因此有必要研究交叉口在直左同时放行及分别放行时交叉口通行效率的差异。

6.5.3 "实际冲突"及"潜在冲突"交叉口通行效率比较

以上分别建立了两种类型交叉口通行效率的模型。对于不存在"实际冲突"的交叉口而言（如直左分别放行），正在运行的交通流的效率必定高于有冲突的情况下该股交通流的运行效率，但是对于其他未运行交通流而言，由于其在停车线等待，此时其通行效率为0；而对于存在"实际冲突"的交叉口而言（如直左同时放行），虽然各股交通流之间与其单独运行时相比，其通行效率有所下降，但原本停车等待的交通流的通行效率有了一定的提高，为了综合评价不同交叉口的通行效率，需将交叉口在两种情况下的通行效率作比较。

以本向直行机动车与对向左转机动车为例，参数如下：直行机动车绿灯时长 $t_1=45s$，左转机动车绿灯时长 $t_2=25s$，分析时段时长 $T=70s$，无冲突情形下直行车行驶时间 $t_{01}=2.22s$，左转车行驶时间 $t_{02}=4.84s$。

现定义符号如下：Q_1 代表直行机动车流量，Q_2 代表左转机动车流量，D_1 代表直行车道每小时交通需求，D_2 代表左转车道每小时交通需求，E_1 代表交叉口在没有冲突情况下的通行效率，E_1' 代表交叉口在有冲突情况下的通行效率，$Z=(E_1'-E_1)/E_1\times 100\%$，为冲突效率增长率。

两股交通流的流量分别从 $Q=1$ 开始计算，以1为递增单位，将有冲突（直左同时放行）通行效率高于无冲突（直左分别单独放行）通行效率的计算结果列于表6-15中。

交叉口通行效率比较结果一览表　　　　　　　表6-15

Q_1 (veh)	Q_2 (veh)	D_1 (veh/h)	D_2 (veh/h)	E_1 (veh·km/h)	E_1' (veh·km/h)	Z (%)
1	1	80	144	12.13	35.48	192.43
1	2	80	288	15.65	35.46	126.65
2	1	160	144	19.99	44.07	120.42
3	1	240	144	27.42	51.41	87.46
2	2	160	288	23.51	43.44	84.79
1	3	80	432	18.83	34.03	80.71
4	1	320	144	34.43	57.63	67.4
3	2	240	288	30.94	50.25	62.42
2	3	160	432	26.69	41.33	54.84
5	1	400	144	41.01	62.86	53.28
1	4	80	576	21.69	32.35	49.13
4	2	320	288	37.95	56.04	47.7

续表

Q_1 (veh)	Q_2 (veh)	D_1 (veh/h)	D_2 (veh/h)	E_1 (veh·km/h)	E_1' (veh·km/h)	Z (%)
6	1	480	144	47.16	67.19	42.47
3	3	240	432	34.13	47.63	39.56
5	2	400	288	44.52	60.93	36.84
7	1	560	144	52.88	70.72	33.72
2	4	160	576	29.55	39.03	32.06
4	3	320	432	41.13	53.03	28.92
6	2	480	288	50.67	65	28.28
1	5	80	720	24.22	30.64	26.49
8	1	640	144	58.18	73.53	26.39
3	4	240	576	36.98	44.84	21.24
7	2	560	288	56.4	68.36	21.21
5	3	400	432	47.71	57.63	20.79
9	1	720	144	63.04	75.7	20.08
8	2	640	288	61.69	71.06	15.19
2	5	160	720	32.08	36.77	14.62
10	1	800	144	67.48	77.3	14.55
6	3	480	432	53.86	61.51	14.21
4	4	320	576	43.99	49.88	13.38
9	2	720	288	66.56	73.18	9.95
11	1	880	144	71.5	78.38	9.63
1	6	80	864	26.42	28.95	9.58
7	3	560	432	59.58	64.75	8.67
5	4	400	576	50.57	54.21	7.2
3	5	240	720	39.52	42.16	6.69
10	2	800	288	71	74.77	5.32
12	1	960	144	75.08	78.99	5.21
8	3	640	432	64.88	67.39	3.88
6	4	480	576	56.72	57.9	2.08
13	1	1040	144	78.24	79.18	1.2
11	2	880	288	75.01	75.89	1.17
2	6	160	864	34.28	34.62	0.99
4	5	320	720	46.52	46.86	0.73

为了更为直观地反映不同流量下有无冲突交叉口通行效率的变化情况,将表 6-15 中的数据绘制成如图 6-30 所示的形式。

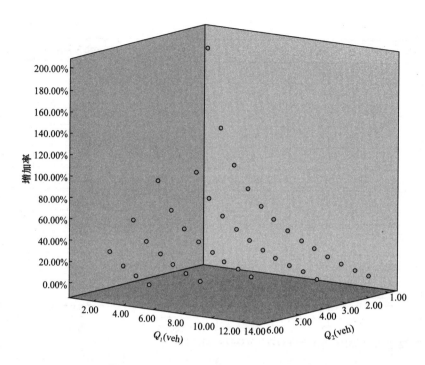

图 6-30　两种交叉口通行效率增长率散点图

从以上的图表不难看出：

(1) 当直行与左转机动车流量均较低时，同时放行的效率远远高于分别放行的效率。

(2) 对于固定的左转机动车流量而言，随着直行机动车流量的增加，整个交叉口的通行效率呈现下降的趋势。

(3) 对于固定的直行机动车流量而言，随着左转机动车流量的增加，整个交叉口的通行效率呈现下降的趋势。

因此，对于流量较低的交叉口而言，同时放行相互冲突的交通流则不失为一种提高交叉口通行效率的措施。但随着流量的增加，交通流冲突的增加，导致通行效率有下降的趋势，故对于流量较大的交叉口，宜采用单独放行冲突交通流的方法。

6.6　交叉口复杂度与通行效率关系模型

根据以上的研究，交叉口复杂度及通行效率的模型可用如下模型表示：

$$C=\sum_{j=1}^{3}\sum_{k=1}^{3}p_{jk}^1 N_{jk}^1+\sum_{j=1}^{3}\sum_{k=1}^{3}p_{jk}^2 N_{jk}^2+\sum_{j=1}^{3}\sum_{k=1}^{3}p_{jk}^3 N_{jk}^3 \qquad (6-39)$$

$$E=\sum_{i=1}^{m}E_i=\sum_{i=1}^{m}\frac{v_{0i}\cdot Q_i}{1+I_{fi}} \qquad (6\text{-}40)$$

式中 k——机动车、非机动车及行人3种方式；

j——直行、左转及右转3种方向；

p_{jk}^1、p_{jk}^2、p_{jk}^3——在交叉口交叉冲突点、合流冲突点及分流冲突点发生冲突的平均概率；

N_{jk}^1、N_{jk}^2、N_{jk}^3——空间上存在的3种类型冲突点的数量；

E——交叉口通行效率；

E_i——第 i 股交通流的通行效率；

I_{fi}——第 i 股交通流的冲突强度；

v_{0i}——第 i 股交通流在未发生冲突情形下在交叉口功能区的平均运行速度；

Q_i——第 i 股交通流在研究时间段的流量。

从两个模型的构成来看，复杂度与通行效率之间的参数并无直接的关联，复杂度模型中冲突点数量 N 是交叉口空间布局的函数，可表示为 $N=f(L)$，p 是流量的函数，可表示为 $p=h(Q)$，因此复杂度可表达为 $C=f(L)\cdot h(Q)$；通行效率模型中 v_0 为机动车在未发生冲突情形下交通流平均运行速度，不考虑车型及交通个体在交叉口的特性差异，其可表示为交叉口空间布局的函数，可表示为 $v_0=g(L)$，交通流的冲突强度 I_f 也可表示为 $I_f=m(Q)$，因此通行效率也可表达为 $E=g(L)\cdot m(Q)$。

交叉口复杂度衡量了交叉口交通流运行的有序程度，对于同一交叉口而言，其流量越小，交通流运行的有序程度越高，交叉口复杂度越低。因此复杂度与流量呈现负增长的关系。而通行效率反映了交通流对于交叉口时空资源的利用程度，越合理地利用则通行效率越高，反之通行效率越低。对同一交叉口而言，流量较低时由于交叉口时空资源未得到充分利用，此时交叉口的通行效率较低，当流量逐渐增加时通行效率呈现上升的趋势，但当流量增加到一定的程度，由于交通流之间的冲突越发严重，此时通行效率将呈现下降的趋势。因此同一交叉口的通行效率先随流量呈现正增长的趋势，然后出现负增长的趋势。为了反映不同类型交叉口在不同流量及控制方式下其复杂度及通行效率的变化趋势，以下通过具体的算例加以说明。

假设交通需求 $Q=200\text{veh/h}$、400veh/h、600veh/h、800veh/h，左转车比例 $f_{la}=0.15$，右转车比例 $f_{ra}=0.20$，右转车速度 $v_{0r}=15\text{km/h}$，左转车速度 $v_{0l}=15\text{km/h}$，直行车速度 $v_{0t}=20\text{km/h}$，假定直行机动车车流冲突时冲突强度为 $I_{ft}=0.67$，左转机动车车流冲突时冲突强度为 $I_{fl}=0.63$，周期时长 $T=120\text{s}$，两相位控制时东西及南北向绿灯时间均为 $G=60\text{s}$，三相位控制时东西单相位绿灯时间 60s，南北直行绿灯时间 40s，左转绿灯时间 20s，四相位控制时每个方向同三相位南北方向。直行车速度—流量关系 $v_{0t}=-0.334Q_t+13.284$，左转车速度—流量关系 $v_{0l}=-0.456Q_l+11.132$，右转车速度—流量关系 $v_{0r}=-0.5Q_r+10$，此时不同类型交叉口通行效率及复杂度见表6-16。

不同交叉口通行效率一览表 表 6-16

交叉口类型	控制方式	复杂度				通行效率（veh·km/h）			
		200	400	600	800	200	400	600	800
2—2	无控制	0.008	0.027	0.055	0.088	290.13	490.57	605.80	654.01
	两相位	0.006	0.020	0.041	0.067	155.97	294.40	414.25	515.48
2—4	无控制	0.005	0.019	0.040	0.065	298.51	526.11	681.97	776.65
	两相位	0.004	0.014	0.029	0.048	157.61	301.16	429.60	542.62
	三相位	0.005	0.020	0.041	0.067	128.04	245.45	351.74	446.86
2—6	无控制	0.004	0.015	0.030	0.050	300.37	534.19	700.39	808.51
	两相位	0.004	0.014	0.029	0.049	158.01	302.84	433.51	549.71
	三相位	0.005	0.020	0.041	0.067	128.20	246.11	353.22	449.50
4—4	无控制	0.004	0.014	0.029	0.048	306.34	558.75	751.29	887.21
	两相位	0.003	0.011	0.023	0.038	159.26	307.93	444.94	569.76
	三相位	0.003	0.011	0.023	0.038	129.68	252.22	367.08	474.00
	四相位	—	—	—	—	100.10	196.51	289.22	378.24
4—6	无控制	0.003	0.010	0.022	0.037	523.96	959.92	1295.63	1535.22
	两相位	0.002	0.009	0.019	0.031	159.66	309.61	448.85	576.85
	三相位	0.003	0.011	0.023	0.038	129.85	252.88	368.57	476.64
	四相位	—	—	—	—	100.27	197.17	290.71	380.88
6—6	无控制	0.002	0.008	0.017	0.028	311.78	577.31	789.72	949.68
	两相位	0.002	0.007	0.016	0.027	160.06	311.29	452.77	583.94
	三相位	0.002	0.007	0.016	0.027	130.25	254.56	372.48	483.73
	四相位	—	—	—	—	100.43	197.83	292.19	383.52

6.6.1 相同交叉口不同交通需求条件下复杂度—通行效率关系模型

为了说明同一交叉口在同种方式控制下不同流量所对应的复杂度及通行效率，现以 6—6 型无控制交叉口为例，数据见表 6-17。为了更直观地反映此时通行效率随复杂度的变化情况，将表格 6-17 中的数据拟合成 2 次曲线，如图 6-31 所示。

不同流量条件下 6—6 型交叉口 表 6-17

流量（veh）	通行效率（veh·km/h）	复杂度
200	311.78	0.13
400	577.31	0.50
600	789.72	1.07
800	949.68	1.81
1000	1062.07	2.69

续表

流量（veh）	通行效率（veh·km/h）	复杂度
1200	1133.38	3.68
1400	1170.05	4.78
1600	1177.75	5.95
1800	1161.19	7.19
2000	1124.11	8.47
2200	1069.40	9.79
2400	999.28	11.13

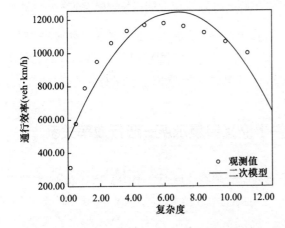

图 6-31 6—6 型交叉口通行效率—复杂度关系图

函数关系为：

$$E = -16.987C^2 + 228.256C + 476.97 \quad (6-41)$$

从表 6-17 及图 6-31 可看出，随着流量的增加，交叉口复杂度一直呈增加的趋势，而通行效率先随着流量的增加而增加，而后呈现相反的趋势，其关系可用二次函数加以表达。其原因在于当流量较低时，交叉口的时空资源没有得到充分利用，此时通行效率较低；随着流量的增加，交叉口时空资源利用率得到提高，因而通行效率有上升的趋势；但当流量增加到一定程度以后，由于交通流之间的相互影响加剧，导致速度下降较快，此时通行效率呈现下降的趋势，因此整个通行效率的变化呈现先上升后下降的趋势。

6.6.2 相同控制方式条件下不同交叉口复杂度—通行效率关系

为了说明不同交叉口在同一控制方式下二者之间的关系，现将有关数据列于表 6-18 中。对于某一种控制方式而言，不同类型的交叉口在同一流量条件下其通行效率有一定的差别，以两相位交叉口为例。

两相位交叉口通行效率—复杂度数据 表 6-18

交叉口类型	控制方式	复杂度				通行效率（veh·km/h）			
		200	400	600	800	200	400	600	800
2—2	两相位	0.006	0.02	0.041	0.067	155.97	294.4	414.25	515.48
2—4	两相位	0.004	0.014	0.029	0.048	157.61	301.16	429.6	542.62
2—6	两相位	0.004	0.014	0.029	0.049	158.01	302.84	433.51	549.71

续表

交叉口类型	控制方式	复杂度				通行效率（veh·km/h）			
		200	400	600	800	200	400	600	800
4—4	两相位	0.003	0.011	0.023	0.038	159.26	307.93	444.94	569.76
4—6	两相位	0.002	0.009	0.019	0.031	159.66	309.61	448.85	576.85
6—6	两相位	0.002	0.007	0.016	0.027	160.06	311.29	452.77	583.94

从表 6-18 中的数据可看出，对于两相位的交叉口而言，车道数越多，交叉口通行效率越高，主要是由于车道分流降低了车流之间的冲突概率，因此交叉口运行的有序性得以提高，从而通行效率也随之增加，此时复杂度随车道数的增加呈现下降的趋势，因此通行效率随着复杂度的降低呈现递增的趋势。表格数据表明，在同种控制方式及同一流量条件下，此时交叉口复杂度与通行效率均反映了交叉口运行的有序性，因为流量一定，因此若交叉口有序性越高，交叉口通行效率将越高，复杂度将越低，而这种有序性此时则反映在交叉口多车道对于流量的分流效果上。

6.6.3 相同流量及不同控制方式条件下交叉口复杂度—通行效率关系

为了比较在相同流量下不同控制方式对于交叉口复杂度及通行效率的影响，以 4—4 型交叉口为例，数据见表 6-19。

4—4 型交叉口通行效率—复杂度数据　　　表 6-19

需求（veh/h）	通行效率（veh·km/h）				复杂度			
	无控制	两相位	三相位	四相位	无控制	两相位	三相位	四相位
200	306.34	159.26	129.68	100.10	0.20	0.02	0.01	0
400	558.75	307.93	252.22	196.51	0.72	0.09	0.04	0
600	751.29	444.94	367.08	289.22	1.48	0.18	0.09	0
800	887.21	569.76	474.00	378.24	2.43	0.31	0.15	0
1000	974.08	682.20	572.88	463.56	3.51	0.46	0.23	0
1200	1020.28	782.41	663.80	545.19	4.67	0.62	0.31	0
1400	1033.25	870.69	746.91	623.12	5.89	0.80	0.40	0
1600	1018.98	947.50	822.43	697.36	7.14	0.99	0.50	0
1800	982.01	1013.35	859.28	767.90	8.39	1.19	0.60	0
2000	925.70	1068.79	986.34	834.74	9.64	1.40	0.70	0
2200	852.48	1114.34	968.37	897.89	10.86	1.61	0.80	0
2400	764.10	1150.54	1053.94	957.34	12.06	1.82	0.91	0
2600	661.80	1177.86	1095.48	1013.10	13.23	2.03	1.02	0
2800	546.46	1196.75	1130.96	1065.17	14.35	2.25	1.12	0
3000	418.71	1207.61	1160.57	1113.53	15.44	2.46	1.23	0

为了直观反映不同控制方式下通行效率及复杂度的变化趋势，现将表 6-19 中数据用图 6-32 及图 6-33 来表示。

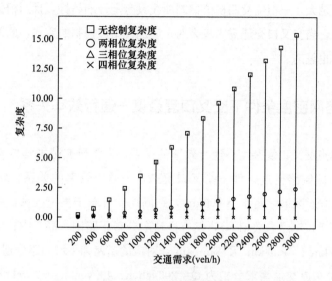

图 6-32　交叉口复杂度—交通需求变化趋势图

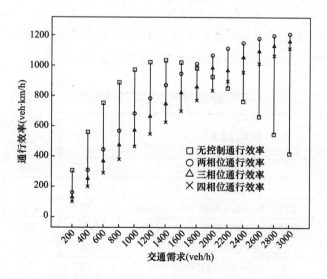

图 6-33　交叉口通行效率—交通需求变化趋势图

从图 6-32 中可看出，随着交通需求的增加，交叉口复杂度呈逐渐递增的趋势，且递增的幅度随交叉口相位的增加而降低，主要是因为多相位方式减少了交叉口冲突点的数量，且相位越多冲突点数量降低的幅度越大；图 6-33 表明当交通需求较小时，无控制方式具有较好的控制效果，此时随着交通需求的增加交叉口通行效率呈递增的趋势，但随着交通需求的进一步增加，无控制交叉口通行效率呈现下降的趋势，此时相位控制显示出其优越性，从图 6-33 中可看出，当交通需求为 1800veh/h 时，两相位控制效果与无控制相当，但当需求继续增加时，两相位的控制效果明显优于无控制；另外当需求量越大时，相位越多，优越性越明显，从曲线右半侧可看出，需求越大，三相位及四相位控制曲线具有上升的趋势，且四相位曲线上升的幅度高于三相位。因此，当交叉口交通需求较大时，应选择相位控制的方式，此时交叉口复杂度不仅较小，通行效率也越高。

6.6.4　不同路网密度条件下交叉口复杂度—通行效率关系

以上分析了单点交叉口复杂度—通行效率的关系，先将研究范围延伸至整个城市道路路网，研究在不同道路网络密度条件下交叉口复杂度—通行效率的关系。现假设城市范围为 10km×10km 的正方形区域，面积为 100km^2，路网均质分布于整个区域，单位车道及整个路网总供给量一定（单位车道总数相等），仅有机动车分布于路网。高、中、低 3 种路网密度的取值分别为 12km/km^2、6km/km^2 及 4km/km^2，对应的道路间平均间距分别为 167m、333m 及 500m，交叉口单位车道交通需求分别为 Q＝200veh/h、400veh/h、600veh/h 及 800veh/h，单位车道供给能力可满足交通需求，交叉口采用无控制方式，其他条件同上。在高、中、低 3 种路网密度下交叉口型式分别为 2—2 型、4—4 型及 6—6 型，则不同路网密度下单位车道总数均为 240 条，对应车道总数分别为 120 条、60 条及 40 条，城市道路交叉口总数分别为 3600 个、900 个及 400 个。此时不同类型交叉口通行效率及复杂度见表 6-20。

不同路网密度条件下交叉口复杂度　　　　　　　　表 6-20

路网密度 (km/km^2)	交叉口类型		单位车道流量（veh/h）			
			200	400	600	800
12	2—2	单点交叉口复杂度	0.123	0.438	0.880	1.404
		路网交叉口复杂度	443	1576	3170	5053
		单点交叉口通行效率（veh·km/h）	290	491	606	654
		路网交叉口通行效率（veh·km/h）	1044485	1766060	2180886	2354425
6	4—4	单点交叉口复杂度	0.487	1.716	3.414	5.383
		路网交叉口复杂度	438	1544	3072	4845
		单点交叉口通行效率（veh·km/h）	559	887	1020	1019
		路网交叉口通行效率（veh·km/h）	502878	798487	918255	917084
4	6—6	单点交叉口复杂度	1.069	3.684	7.186	11.132
		路网交叉口复杂度	427	1474	2874	4453
		单点交叉口通行效率（veh·km/h）	786	1129	1158	999
		路网交叉口通行效率（veh·km/h）	314222	451549	463385	399706

表 6-20 的数据表明：

（1）在不同路网密度及相同流量条件下，单点交叉口复杂度随路网密度的降低而增加。此时交叉口通行效率也呈现增加的趋势，主要是由于多车道交叉口交通流数量较多，整个交叉口的通行效率为各股交通流通行效率之和，因此多车道交叉口通行效率呈现上升的趋势。

（2）在不同路网密度及相同流量条件下，路网交叉口总复杂度随着路网密度的降低略呈下降的趋势。

而此时路网交叉口总通行效率呈现较大幅度的增加。如以低密度路网的 6—6 路型网交叉口总通行效率为参考，当在不同流量条件下，4—4 型及 2—2 型路网交叉口总通行效率分别增加了 0.6 倍和 2.32 倍、0.77 倍和 2.91 倍、0.98 倍和 3.71 倍、1.29 倍和 4.89 倍，且流量越大路网交叉口总通行效率增加的幅度越大，而此时路网交叉口总复杂度仅增加了 0.03 倍和 0.04 倍、0.05 倍和 0.07 倍、0.07 倍和 0.10 倍、0.09 倍和 0.13 倍，虽然路网交叉口总复杂度有较小幅度的增加，但路网交叉口总通行效率的增加幅度远远高于路网交叉口总复杂度的增加幅度，因此高密度路网对于交叉口通行效率的增加具有较为明显的效果。

（3）在路网密度相同的情况下，单点交叉口复杂度及路网交叉口总复杂度均随流量的增加而增加；而单点交叉口通行效率及整个路网交叉口通行效率则呈现不同的趋势。如高密度路网对应的 2—2 型交叉口，单点交叉口通行效率及路网交叉口总通行效率均随流量的增加呈上升的趋势，而中密度及低密度路网对应的 4—4 型及 6—6 型交叉口其通行效率先随着流量的增加而增加，然后呈现相反的趋势，主要原因在于随着流量的增加，车道数越多，其交通冲突越严重，导致通行效率下降，因此高密度路网对应的小交叉口形式在流量较大的情况下其优势更为明显。

附录

附录1 进香河—学府路交叉口南进口直行机动车车头时距对数正态分布拟合

为了分析车辆进入交叉口的规律,本书以车头时距作为研究参数。以停车线为基准,车辆越过停车线视为进入交叉口。第一辆车的车头时距定义为绿灯显示时刻至第一辆车的前保险杠越过停车线的时间,第二辆车的车头时距定义为第二辆车的前保险杠与第一辆车的前保险杠越过停车线的时间差,其后的车辆停车车头时距以此类推。

以进香河—学府路交叉口南进口直行车道为例,从图像文件析取的车头时距共为709个,从车头时距的直方图及统计表格可以看出,直方图的走向不能够用正态分布加以描述。对车头时距取对数,得到709个对数值,从直方图及统计分析表格可以看出,对数车头时距与正态分布较为吻合(附图1-1、附图1-2、附表1-1)。

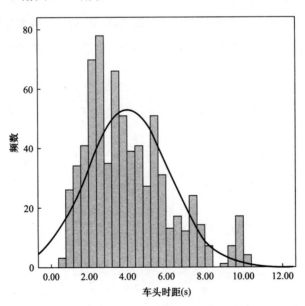

附图1-1 车头时距样本频数直方图

现假设对数车头时距符合正态分布,即车头时距符合对数正态分布。为了验证假设是否合理,需做假设检验。一般非参数检验的方法有 χ^2 检验和 K-S 检验(Kolmogorov-Smirnov),由于 χ^2 检验需将样本空间分成彼此不相交的子集,故存在较大的主观性,不同的分组可能导致不

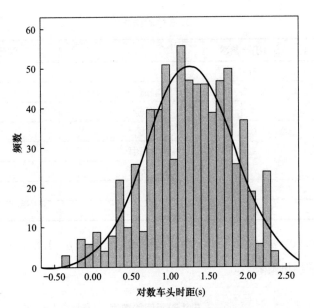

附图 1-2　车头时距样本对数频数直方图

车头时距样本统计分析结果　　　　附表 1-1

统计量	车头时距（s）	对数车头时距（s）
样本数	709	709
均值	4.05	1.25
方差	4.56	0.31
标准差	2.14	0.56
偏度	0.86	-0.34
峰度	0.28	-0.27
最小值	0.72	-0.33
最大值	10.28	2.33
极差	9.56	2.66

同的检验结果。而 K-S 检验是将样本的累积分布函数与理论分布函数相比较，根据二者之间的差值确定是否符合假设的分布。

K-S 检验：H_0：车头时距符合对数正态分布；

H_1：车头时距不符合对数正态分布。

检验统计量：$D_n = \sup\limits_{-\infty < x < +\infty} |S_n(x) - F(x)|$

其中 $S_n(x)$ 为车头时距样本对数值的累积频率函数，$F(x)$ 为 $\mu=1.25$，$\sigma=0.56$ 的正态分布。

显著性水平：$\alpha=0.05$。

K-S 检验的结果见附表 1-2。

K-S 检验结果　　　　　　　　　　　　　　　　　　　　　　附表 1-2

统计参数		对数车头时距（s）
样本数		709
参数值	均值	1.25
	标准差	0.56
最大差值	绝对值	0.05
	最大正值	0.03
	最大负值	-0.05
统计量数值		1.23
双尾渐进概率		0.10

双尾渐进概率 $0.10 > \alpha = 0.05$，因此可认为样本是来自于 $\mu = 1.25$，$\sigma = 0.56$ 的正态分布。车头时距原始数据见附表 1-3。

车头时距原始数据　　　　　　　　　　　　　　　　　　　　附表 1-3

编号	车头时距（s）	对数值	编号	车头时距（s）	对数值	编号	车头时距（s）	对数值
1	0.72	-0.33	24	1.08	0.08	47	1.40	0.34
2	0.72	-0.33	25	1.08	0.08	48	1.40	0.34
3	0.72	-0.33	26	1.16	0.15	49	1.40	0.34
4	0.84	-0.17	27	1.20	0.18	50	1.48	0.39
5	0.84	-0.17	28	1.20	0.18	51	1.48	0.39
6	0.84	-0.17	29	1.20	0.18	52	1.48	0.39
7	0.88	-0.13	30	1.28	0.25	53	1.48	0.39
8	0.88	-0.13	31	1.28	0.25	54	1.48	0.39
9	0.88	-0.13	32	1.28	0.25	55	1.48	0.39
10	0.90	-0.11	33	1.28	0.25	56	1.48	0.39
11	0.92	-0.08	34	1.28	0.25	57	1.48	0.39
12	0.92	-0.08	35	1.28	0.25	58	1.48	0.39
13	0.92	-0.08	36	1.32	0.28	59	1.48	0.39
14	0.96	-0.04	37	1.32	0.28	60	1.56	0.44
15	0.96	-0.04	38	1.36	0.31	61	1.56	0.44
16	0.96	-0.04	39	1.36	0.31	62	1.56	0.44
17	1.00	0.00	40	1.36	0.31	63	1.56	0.44
18	1.00	0.00	41	1.36	0.31	64	1.60	0.47
19	1.00	0.00	42	1.36	0.31	65	1.60	0.47
20	1.00	0.00	43	1.36	0.31	66	1.64	0.49
21	1.04	0.04	44	1.36	0.31	67	1.64	0.49
22	1.04	0.04	45	1.36	0.31	68	1.64	0.49
23	1.08	0.08	46	1.40	0.34	69	1.64	0.49

续表

编号	车头时距（s）	对数值	编号	车头时距（s）	对数值	编号	车头时距（s）	对数值
70	1.68	0.52	108	2.04	0.71	146	2.24	0.81
71	1.68	0.52	109	2.04	0.71	147	2.24	0.81
72	1.68	0.52	110	2.08	0.73	148	2.24	0.81
73	1.68	0.52	111	2.08	0.73	149	2.26	0.82
74	1.68	0.52	112	2.08	0.73	150	2.26	0.82
75	1.68	0.52	113	2.08	0.73	151	2.28	0.82
76	1.68	0.52	114	2.08	0.73	152	2.28	0.82
77	1.68	0.52	115	2.08	0.73	153	2.28	0.82
78	1.72	0.54	116	2.08	0.73	154	2.28	0.82
79	1.72	0.54	117	2.08	0.73	155	2.28	0.82
80	1.72	0.54	118	2.08	0.73	156	2.28	0.82
81	1.72	0.54	119	2.08	0.73	157	2.32	0.84
82	1.72	0.54	120	2.12	0.75	158	2.32	0.84
83	1.72	0.54	121	2.12	0.75	159	2.32	0.84
84	1.72	0.54	122	2.12	0.75	160	2.32	0.84
85	1.72	0.54	123	2.12	0.75	161	2.32	0.84
86	1.72	0.54	124	2.12	0.75	162	2.32	0.84
87	1.76	0.57	125	2.16	0.77	163	2.32	0.84
88	1.76	0.57	126	2.16	0.77	164	2.32	0.84
89	1.76	0.57	127	2.16	0.77	165	2.32	0.84
90	1.76	0.57	128	2.16	0.77	166	2.32	0.84
91	1.76	0.57	129	2.16	0.77	167	2.34	0.85
92	1.76	0.57	130	2.16	0.77	168	2.34	0.85
93	1.80	0.59	131	2.16	0.77	169	2.36	0.86
94	1.80	0.59	132	2.16	0.77	170	2.36	0.86
95	1.80	0.59	133	2.16	0.77	171	2.36	0.86
96	1.96	0.67	134	2.16	0.77	172	2.36	0.86
97	1.96	0.67	135	2.16	0.77	173	2.38	0.87
98	1.96	0.67	136	2.16	0.77	174	2.38	0.87
99	1.96	0.67	137	2.18	0.78	175	2.40	0.88
100	1.96	0.67	138	2.18	0.78	176	2.40	0.88
101	1.96	0.67	139	2.20	0.79	177	2.40	0.88
102	1.96	0.67	140	2.20	0.79	178	2.40	0.88
103	1.96	0.67	141	2.20	0.79	179	2.40	0.88
104	1.96	0.67	142	2.20	0.79	180	2.40	0.88
105	2.04	0.71	143	2.20	0.79	181	2.44	0.89
106	2.04	0.71	144	2.20	0.79	182	2.44	0.89
107	2.04	0.71	145	2.24	0.81	183	2.44	0.89

续表

编号	车头时距（s）	对数值	编号	车头时距（s）	对数值	编号	车头时距（s）	对数值
184	2.44	0.89	222	2.64	0.97	260	2.96	1.09
185	2.48	0.91	223	2.64	0.97	261	2.96	1.09
186	2.48	0.91	224	2.64	0.97	262	2.96	1.09
187	2.48	0.91	225	2.68	0.99	263	3.00	1.10
188	2.48	0.91	226	2.68	0.99	264	3.00	1.10
189	2.48	0.91	227	2.68	0.99	265	3.00	1.10
190	2.52	0.92	228	2.68	0.99	266	3.00	1.10
191	2.52	0.92	229	2.68	0.99	267	3.00	1.10
192	2.52	0.92	230	2.68	0.99	268	3.00	1.10
193	2.52	0.92	231	2.68	0.99	269	3.00	1.10
194	2.52	0.92	232	2.68	0.99	270	3.00	1.10
195	2.52	0.92	233	2.68	0.99	271	3.00	1.10
196	2.52	0.92	234	2.68	0.99	272	3.00	1.10
197	2.56	0.94	235	2.72	1.00	273	3.02	1.11
198	2.56	0.94	236	2.76	1.02	274	3.04	1.11
199	2.56	0.94	237	2.76	1.02	275	3.10	1.13
200	2.56	0.94	238	2.78	1.02	276	3.10	1.13
201	2.56	0.94	239	2.78	1.02	277	3.10	1.13
202	2.56	0.94	240	2.80	1.03	278	3.10	1.13
203	2.56	0.94	241	2.80	1.03	279	3.14	1.14
204	2.56	0.94	242	2.80	1.03	280	3.14	1.14
205	2.56	0.94	243	2.80	1.03	281	3.16	1.15
206	2.56	0.94	244	2.80	1.03	282	3.16	1.15
207	2.56	0.94	245	2.80	1.03	283	3.16	1.15
208	2.56	0.94	246	2.80	1.03	284	3.16	1.15
209	2.56	0.94	247	2.80	1.03	285	3.18	1.16
210	2.56	0.94	248	2.80	1.03	286	3.18	1.16
211	2.58	0.95	249	2.80	1.03	287	3.18	1.16
212	2.58	0.95	250	2.80	1.03	288	3.20	1.16
213	2.60	0.96	251	2.80	1.03	289	3.20	1.16
214	2.60	0.96	252	2.80	1.03	290	3.20	1.16
215	2.60	0.96	253	2.82	1.04	291	3.20	1.16
216	2.60	0.96	254	2.82	1.04	292	3.20	1.16
217	2.64	0.97	255	2.84	1.04	293	3.20	1.16
218	2.64	0.97	256	2.84	1.04	294	3.20	1.16
219	2.64	0.97	257	2.84	1.04	295	3.20	1.16
220	2.64	0.97	258	2.96	1.09	296	3.20	1.16
221	2.64	0.97	259	2.96	1.09	297	3.24	1.18

续表

编号	车头时距（s）	对数值	编号	车头时距（s）	对数值	编号	车头时距（s）	对数值
298	3.24	1.18	336	3.52	1.26	374	3.78	1.33
299	3.24	1.18	337	3.52	1.26	375	3.78	1.33
300	3.24	1.18	338	3.52	1.26	376	3.78	1.33
301	3.24	1.18	339	3.52	1.26	377	3.78	1.33
302	3.24	1.18	340	3.52	1.26	378	3.78	1.33
303	3.24	1.18	341	3.52	1.26	379	3.78	1.33
304	3.24	1.18	342	3.52	1.26	380	3.80	1.34
305	3.26	1.18	343	3.52	1.26	381	3.80	1.34
306	3.26	1.18	344	3.52	1.26	382	3.80	1.34
307	3.28	1.19	345	3.52	1.26	383	3.80	1.34
308	3.28	1.19	346	3.56	1.27	384	3.80	1.34
309	3.28	1.19	347	3.56	1.27	385	3.80	1.34
310	3.28	1.19	348	3.56	1.27	386	3.80	1.34
311	3.28	1.19	349	3.56	1.27	387	3.80	1.34
312	3.28	1.19	350	3.56	1.27	388	3.82	1.34
313	3.28	1.19	351	3.56	1.27	389	3.84	1.35
314	3.28	1.19	352	3.58	1.28	390	3.84	1.35
315	3.28	1.19	353	3.58	1.28	391	3.84	1.35
316	3.28	1.19	354	3.60	1.28	392	3.84	1.35
317	3.30	1.19	355	3.60	1.28	393	3.84	1.35
318	3.30	1.19	356	3.60	1.28	394	3.84	1.35
319	3.32	1.20	357	3.60	1.28	395	3.84	1.35
320	3.32	1.20	358	3.60	1.28	396	3.84	1.35
321	3.32	1.20	359	3.60	1.28	397	3.88	1.36
322	3.42	1.23	360	3.60	1.28	398	3.88	1.36
323	3.42	1.23	361	3.60	1.28	399	3.92	1.37
324	3.42	1.23	362	3.60	1.28	400	3.92	1.37
325	3.44	1.24	363	3.60	1.28	401	3.96	1.38
326	3.46	1.24	364	3.64	1.29	402	3.96	1.38
327	3.46	1.24	365	3.64	1.29	403	3.96	1.38
328	3.46	1.24	366	3.72	1.31	404	3.98	1.38
329	3.46	1.24	367	3.72	1.31	405	4.02	1.39
330	3.48	1.25	368	3.72	1.31	406	4.04	1.40
331	3.48	1.25	369	3.72	1.31	407	4.04	1.40
332	3.48	1.25	370	3.76	1.32	408	4.04	1.40
333	3.48	1.25	371	3.76	1.32	409	4.04	1.40
334	3.50	1.25	372	3.76	1.32	410	4.06	1.40
335	3.50	1.25	373	3.76	1.32	411	4.06	1.40

续表

编号	车头时距（s）	对数值	编号	车头时距（s）	对数值	编号	车头时距（s）	对数值
412	4.08	1.41	450	4.40	1.48	488	4.84	1.58
413	4.08	1.41	451	4.40	1.48	489	4.84	1.58
414	4.08	1.41	452	4.42	1.49	490	4.88	1.59
415	4.08	1.41	453	4.42	1.49	491	4.88	1.59
416	4.14	1.42	454	4.42	1.49	492	4.88	1.59
417	4.14	1.42	455	4.42	1.49	493	4.88	1.59
418	4.14	1.42	456	4.50	1.50	494	4.88	1.59
419	4.14	1.42	457	4.50	1.50	495	4.88	1.59
420	4.16	1.43	458	4.52	1.51	496	4.88	1.59
421	4.16	1.43	459	4.52	1.51	497	5.04	1.62
422	4.16	1.43	460	4.52	1.51	498	5.04	1.62
423	4.16	1.43	461	4.52	1.51	499	5.04	1.62
424	4.16	1.43	462	4.52	1.51	500	5.04	1.62
425	4.16	1.43	463	4.52	1.51	501	5.04	1.62
426	4.16	1.43	464	4.62	1.53	502	5.04	1.62
427	4.16	1.43	465	4.62	1.53	503	5.04	1.62
428	4.18	1.43	466	4.64	1.53	504	5.04	1.62
429	4.18	1.43	467	4.64	1.53	505	5.04	1.62
430	4.18	1.43	468	4.64	1.53	506	5.12	1.63
431	4.18	1.43	469	4.64	1.53	507	5.14	1.64
432	4.20	1.44	470	4.66	1.54	508	5.14	1.64
433	4.20	1.44	471	4.66	1.54	509	5.16	1.64
434	4.20	1.44	472	4.66	1.54	510	5.16	1.64
435	4.20	1.44	473	4.72	1.55	511	5.16	1.64
436	4.20	1.44	474	4.72	1.55	512	5.24	1.66
437	4.20	1.44	475	4.72	1.55	513	5.24	1.66
438	4.20	1.44	476	4.72	1.55	514	5.24	1.66
439	4.20	1.44	477	4.74	1.56	515	5.24	1.66
440	4.28	1.45	478	4.74	1.56	516	5.24	1.66
441	4.28	1.45	479	4.76	1.56	517	5.24	1.66
442	4.28	1.45	480	4.76	1.56	518	5.24	1.66
443	4.28	1.45	481	4.76	1.56	519	5.28	1.66
444	4.40	1.48	482	4.76	1.56	520	5.28	1.66
445	4.40	1.48	483	4.78	1.56	521	5.28	1.66
446	4.40	1.48	484	4.78	1.56	522	5.28	1.66
447	4.40	1.48	485	4.84	1.58	523	5.28	1.66
448	4.40	1.48	486	4.84	1.58	524	5.28	1.66
449	4.40	1.48	487	4.84	1.58	525	5.28	1.66

续表

编号	车头时距（s）	对数值	编号	车头时距（s）	对数值	编号	车头时距（s）	对数值
526	5.28	1.66	564	5.64	1.73	602	6.32	1.84
527	5.28	1.66	565	5.64	1.73	603	6.32	1.84
528	5.40	1.69	566	5.64	1.73	604	6.32	1.84
529	5.40	1.69	567	5.66	1.73	605	6.32	1.84
530	5.40	1.69	568	5.66	1.73	606	6.32	1.84
531	5.40	1.69	569	5.68	1.74	607	6.48	1.87
532	5.40	1.69	570	5.68	1.74	608	6.48	1.87
533	5.40	1.69	571	5.68	1.74	609	6.50	1.87
534	5.40	1.69	572	5.68	1.74	610	6.50	1.87
535	5.44	1.69	573	5.70	1.74	611	6.52	1.87
536	5.44	1.69	574	5.70	1.74	612	6.52	1.87
537	5.44	1.69	575	5.76	1.75	613	6.52	1.87
538	5.44	1.69	576	5.76	1.75	614	6.52	1.87
539	5.44	1.69	577	5.76	1.75	615	6.52	1.87
540	5.44	1.69	578	5.80	1.76	616	6.52	1.87
541	5.44	1.69	579	5.80	1.76	617	6.60	1.89
542	5.44	1.69	580	5.80	1.76	618	6.60	1.89
543	5.44	1.69	581	5.80	1.76	619	6.60	1.89
544	5.52	1.71	582	5.86	1.77	620	6.72	1.91
545	5.52	1.71	583	5.86	1.77	621	6.72	1.91
546	5.52	1.71	584	5.86	1.77	622	6.72	1.91
547	5.52	1.71	585	5.86	1.77	623	6.72	1.91
548	5.52	1.71	586	5.86	1.77	624	6.84	1.92
549	5.52	1.71	587	5.86	1.77	625	6.84	1.92
550	5.52	1.71	588	5.92	1.78	626	6.84	1.92
551	5.52	1.71	589	5.92	1.78	627	6.92	1.93
552	5.52	1.71	590	5.92	1.78	628	6.92	1.93
553	5.52	1.71	591	5.92	1.78	629	6.92	1.93
554	5.52	1.71	592	5.92	1.78	630	7.02	1.95
555	5.56	1.72	593	5.92	1.78	631	7.02	1.95
556	5.56	1.72	594	6.04	1.80	632	7.02	1.95
557	5.56	1.72	595	6.04	1.80	633	7.08	1.96
558	5.56	1.72	596	6.04	1.80	634	7.16	1.97
559	5.56	1.72	597	6.04	1.80	635	7.16	1.97
560	5.56	1.72	598	6.04	1.80	636	7.20	1.97
561	5.60	1.72	599	6.04	1.80	637	7.20	1.97
562	5.60	1.72	600	6.14	1.81	638	7.20	1.97
563	5.64	1.73	601	6.14	1.81	639	7.20	1.97

续表

编号	车头时距（s）	对数值	编号	车头时距（s）	对数值	编号	车头时距（s）	对数值
640	7.28	1.99	664	7.77	2.05	688	9.58	2.26
641	7.28	1.99	665	7.77	2.05	689	9.68	2.27
642	7.30	1.99	666	7.85	2.06	690	9.68	2.27
643	7.30	1.99	667	7.85	2.06	691	9.68	2.27
644	7.38	2.00	668	7.92	2.07	692	9.68	2.27
645	7.38	2.00	669	7.92	2.07	693	9.78	2.28
646	7.38	2.00	670	7.92	2.07	694	9.78	2.28
647	7.38	2.00	671	8.00	2.08	695	9.78	2.28
648	7.40	2.00	672	8.00	2.08	696	9.78	2.28
649	7.40	2.00	673	8.00	2.08	697	9.78	2.28
650	7.40	2.00	674	8.08	2.09	698	9.87	2.29
651	7.42	2.00	675	8.08	2.09	699	9.87	2.29
652	7.42	2.00	676	8.17	2.10	700	9.87	2.29
653	7.42	2.00	677	8.20	2.10	701	9.87	2.29
654	7.42	2.00	678	8.25	2.11	702	9.97	2.30
655	7.42	2.00	679	8.33	2.12	703	9.97	2.30
656	7.42	2.00	680	8.36	2.12	704	9.97	2.30
657	7.46	2.01	681	8.96	2.19	705	9.97	2.30
658	7.54	2.02	682	9.30	2.23	706	10.07	2.31
659	7.60	2.03	683	9.30	2.23	707	10.07	2.31
660	7.61	2.03	684	9.39	2.24	708	10.18	2.32
661	7.61	2.03	685	9.49	2.25	709	10.28	2.33
662	7.69	2.04	686	9.49	2.25	—	—	—
663	7.69	2.04	687	9.58	2.26	—	—	—

附录2 交叉口复杂度计算表格

N代表冲突点数；Q_1、Q_2代表冲突机动车流流量，单位为 veh/h；q_1、q_2代表冲突机动车流平均到达率；p_1代表机动车与机动车冲突概率；C_1代表机动车与机动车冲突复杂度；Q_3代表非机动车及行人流量；q_3代表非机动车及行人平均到达率；p_2代表机动车与非机动车及行人冲突概率；C_2代表机动车与非机动车及行人冲突复杂度（附表2-1~附录2-4）。

交通需求 $Q=800$veh/h条件下无控制交叉口复杂度计算表格　　附表2-1

类型	冲突类型	方向	N	Q_1	Q_2	q_1	q_2	p_1	C_1	Q_3	q_3	p_2	C_2
2—2	机—机	直—直	4	520	520	0.58	0.58	0.19	0.77	—	—	—	—
		直—左	8	520	120	0.58	0.17	0.07	0.54	—	—	—	—
		左—左	4	120	120	0.17	0.17	0.02	0.09	—	—	—	—
	机—非	直—直	8	520	—	—	—	—	—	100	5	0.01	0.10
		直—左	16	520	—	—	—	—	—	100	5	0.01	0.20
		左—直	8	120	—	—	—	—	—	100	5	0.00	0.02
		左—左	8	120	—	—	—	—	—	100	5	0.00	0.02
		右—直	8	160	—	—	—	—	—	100	5	0.00	0.03
		右—左	8	160	—	—	—	—	—	100	5	0.00	0.03
	机—人	直—人	16	520	—	—	—	—	—	20	2.5	0.01	0.18
		左—人	16	120	—	—	—	—	—	20	2.5	0.00	0.04
		右—人	16	160	—	—	—	—	—	20	2.5	0.00	0.06
2—4	机—机	直—直	4	520	280	0.58	0.31	0.12	0.47	—	—	—	—
			4	520	240	0.58	0.27	0.10	0.41	—	—	—	—
			4	520	120	0.58	0.17	0.07	0.27	—	—	—	—
		直—左	4	280	120	0.31	0.17	0.04	0.16	—	—	—	—
			4	240	120	0.27	0.17	0.04	0.14	—	—	—	—
		左—左	4	120	120	0.17	0.17	0.02	0.09	—	—	—	—
	机—非	直—直	4	520	—	—	—	—	—	100	5	0.01	0.05
			4	280	—	—	—	—	—	100	5	0.01	0.03
			4	240	—	—	—	—	—	100	5	0.01	0.02
		直—左	8	520	—	—	—	—	—	100	5	0.01	0.10
			8	280	—	—	—	—	—	100	5	0.01	0.06
			8	240	—	—	—	—	—	100	5	0.01	0.05
		左—直	8	120	—	—	—	—	—	100	5	0.00	0.02
		左—左	8	120	—	—	—	—	—	100	5	0.00	0.02
		右—直	8	160	—	—	—	—	—	100	5	0.00	0.03
		右—左	8	160	—	—	—	—	—	100	5	0.00	0.03

续表

类型	冲突类型	方向	N	Q_1	Q_2	q_1	q_2	p_1	C_1	Q_3	q_3	p_2	C_2
2—4	机—人	直—人	8	520	—	—	—	—	—	20	2.5	0.01	0.09
		直—人	8	280	—	—	—	—	—	20	2.5	0.01	0.05
		直—人	8	240	—	—	—	—	—	20	2.5	0.01	0.04
		左—人	16	120	—	—	—	—	—	20	2.5	0.00	0.04
		右—人	16	160	—	—	—	—	—	20	2.5	0.00	0.06
2—6	机—机	直—直	4	520	—	—	—	—	—	—	—	—	—
			4	520	—	—	—	—	—	—	—	—	—
			4	520	—	—	—	—	—	—	—	—	—
		直—左	4	520	—	—	—	—	—	—	—	—	—
			4	267	—	—	—	—	—	—	—	—	—
			4	147	—	—	—	—	—	—	—	—	—
			4	107	—	—	—	—	—	—	—	—	—
		左—左	4	120	—	—	—	—	—	—	—	—	—
	机—非	直—直	4	520	—	—	—	—	—	100	5	0.01	0.05
			4	267	—	—	—	—	—	100	5	0.01	0.03
			4	147	—	—	—	—	—	100	5	0.00	0.01
			4	107	—	—	—	—	—	100	5	0.00	0.01
		直—左	8	520	—	—	—	—	—	100	5	0.01	0.10
			8	267	—	—	—	—	—	100	5	0.01	0.05
			8	147	—	—	—	—	—	100	5	0.00	0.03
			8	107	—	—	—	—	—	100	5	0.00	0.02
		左—直	8	120	—	—	—	—	—	100	5	0.00	0.02
		左—左	8	120	—	—	—	—	—	100	5	0.00	0.02
		右—直	8	160	—	—	—	—	—	100	5	0.00	0.03
		右—左	8	160	—	—	—	—	—	100	5	0.00	0.03
	机—人	直—人	8	520	—	—	—	—	—	20	2.5	0.01	0.09
			8	267	—	—	—	—	—	20	2.5	0.01	0.05
			8	147	—	—	—	—	—	20	2.5	0.00	0.03
			8	107	—	—	—	—	—	20	2.5	0.00	0.02
		左—人	16	120	—	—	—	—	—	20	2.5	0.00	0.04
		右—人	16	160	—	—	—	—	—	20	2.5	0.00	0.06
4—4	机—机	直—直	4	280	280	0.31	0.31	0.07	0.29	—	—	—	—
			8	280	240	0.31	0.27	0.06	0.50	—	—	—	—
			4	240	240	0.27	0.27	0.05	0.22	—	—	—	—
		直—左	8	280	120	0.31	0.17	0.04	0.33	—	—	—	—
			8	240	120	0.27	0.17	0.04	0.29	—	—	—	—
		左—左	4	120	120	0.17	0.17	0.02	0.09	—	—	—	—

续表

类型	冲突类型	方向	N	Q_1	Q_2	q_1	q_2	p_1	C_1	Q_3	q_3	p_2	C_2
4—4	机—非	直—直	8	280	—	—	—	—	—	100	5	0.01	0.06
			8	240	—	—	—	—	—	100	5	0.01	0.05
		直—左	16	280	—	—	—	—	—	100	5	0.01	0.11
			16	240	—	—	—	—	—	100	5	0.01	0.10
		左—直	8	120	—	—	—	—	—	100	5	0.00	0.02
		左—左	8	120	—	—	—	—	—	100	5	0.00	0.02
		右—直	8	160	—	—	—	—	—	100	5	0.00	0.03
		右—左	8	160	—	—	—	—	—	100	5	0.00	0.03
	机—人	直—人	16	280	—	—	—	—	—	20	2.5	0.01	0.10
			16	240	—	—	—	—	—	20	2.5	0.01	0.09
		左—人	16	120	—	—	—	—	—	20	2.5	0.00	0.04
		右—人	16	160	—	—	—	—	—	20	2.5	0.00	0.06
4—6	机—机	直—直	4	280	267	0.31	0.30	0.07	0.27	—	—	—	—
			4	280	147	0.31	0.16	0.04	0.16	—	—	—	—
			4	280	107	0.31	0.12	0.03	0.12	—	—	—	—
			4	240	267	0.27	0.30	0.06	0.24	—	—	—	—
			4	240	147	0.27	0.16	0.04	0.14	—	—	—	—
			4	240	107	0.27	0.12	0.03	0.10	—	—	—	—
		直—左	4	280	120	0.31	0.17	0.04	0.16	—	—	—	—
			4	240	120	0.27	0.17	0.04	0.14	—	—	—	—
			4	267	120	0.30	0.17	0.04	0.16	—	—	—	—
			4	147	120	0.16	0.17	0.02	0.09	—	—	—	—
			4	107	120	0.12	0.17	0.02	0.07	—	—	—	—
		左—左	4	120	120	0.17	0.17	0.02	0.09	—	—	—	—
	机—非	直—直	4	280	—	—	—	—	—	—	—	—	—
			4	240	—	—	—	—	—	—	—	—	—
			4	267	—	—	—	—	—	—	—	—	—
			4	147	—	—	—	—	—	—	—	—	—
			4	107	—	—	—	—	—	—	—	—	—
		直—左	8	280	—	—	—	—	—	—	—	—	—
			8	240	—	—	—	—	—	—	—	—	—
			8	267	—	—	—	—	—	—	—	—	—
			8	147	—	—	—	—	—	—	—	—	—
			8	107	—	—	—	—	—	—	—	—	—
		左—直	8	120	—	—	—	—	—	—	—	—	—
		左—左	8	120	—	—	—	—	—	—	—	—	—
		右—直	8	160	—	—	—	—	—	—	—	—	—
		右—左	8	160	—	—	—	—	—	—	—	—	—

续表

类型	冲突类型	方向	N	Q_1	Q_2	q_1	q_2	p_1	C_1	Q_3	q_3	p_2	C_2
4—6	机—人	直—人	8	280	—	—	—	—	—	—	—	—	—
			8	240	—	—	—	—	—	—	—	—	—
			8	267	—	—	—	—	—	—	—	—	—
			8	147	—	—	—	—	—	—	—	—	—
			8	107	—	—	—	—	—	—	—	—	—
		左—人	16	120	—	—	—	—	—	—	—	—	—
		右—人	16	160	—	—	—	—	—	—	—	—	—
6—6	机—机	直—直	4	267	267	0.30	0.30	0.07	0.26	—	—	—	—
			4	147	147	0.16	0.16	0.02	0.09	—	—	—	—
			4	107	107	0.12	0.12	0.01	0.05	—	—	—	—
			8	267	147	0.30	0.16	0.04	0.31	—	—	—	—
			8	267	107	0.30	0.12	0.03	0.23	—	—	—	—
			8	147	107	0.16	0.12	0.02	0.13	—	—	—	—
		直—左	8	267	120	0.30	0.17	0.04	0.31	—	—	—	—
			8	147	120	0.16	0.17	0.02	0.18	—	—	—	—
			8	107	120	0.12	0.17	0.02	0.14	—	—	—	—
		左—左	4	120	120	0.17	0.17	0.02	0.09	—	—	—	—
	机—非	直—直	8	267	—	—	—	—	—	100	5	0.01	0.05
			8	147	—	—	—	—	—	100	5	0.00	0.03
			8	107	—	—	—	—	—	100	5	0.00	0.02
		直—左	16	267	—	—	—	—	—	100	5	0.01	0.11
			16	147	—	—	—	—	—	100	5	0.00	0.06
			16	107	—	—	—	—	—	100	5	0.00	0.04
		左—直	8	120	—	—	—	—	—	100	5	0.00	0.02
		左—左	8	120	—	—	—	—	—	100	5	0.00	0.02
		右—直	8	160	—	—	—	—	—	100	5	0.00	0.03
		右—左	8	160	—	—	—	—	—	100	5	0.00	0.03
	机—人	直—人	16	267	—	—	—	—	—	20	2.5	0.01	0.09
			16	147	—	—	—	—	—	20	2.5	0.00	0.05
			16	107	—	—	—	—	—	20	2.5	0.00	0.04
		左—人	16	120	—	—	—	—	—	20	2.5	0.00	0.04
		右—人	16	160	—	—	—	—	—	20	2.5	0.00	0.06

交通需求 $Q=800$veh/h 条件下两相位交叉口复杂度计算表格　　　附表 2-2

类型	相位	冲突类型	方向	N	Q_1	Q_2	q_1	q_2	p_1	C_1	Q_3	q_3	p_2	C_2
2—2	相位一	机—机	直—左	2	520	120	0.58	0.17	0.07	0.13	—	—	—	—
		机—非	直—左	4	520	—	—	—	—	—	100	2.5	0.00	0.02
			左—直	2	120	—	—	—	—	—	100	2.5	0.00	0.00
			右—直	2	160	—	—	—	—	—	100	2.5	0.00	0.00
			右—左	4	160	—	—	—	—	—	100	2.5	0.00	0.01
		机—人	左—人	4	120	—	—	—	—	—	20	2.5	0.00	0.01
			右—人	4	160	—	—	—	—	—	20	2.5	0.00	0.01
	相位二	机—机	直—左	2	520	120	0.58	0.17	0.07	0.13	—	—	—	—
		机—非	直—左	4	520	—	—	—	—	—	100	2.5	0.00	0.02
			左—直	2	120	—	—	—	—	—	100	2.5	0.00	0.00
			右—直	2	160	—	—	—	—	—	100	2.5	0.00	0.00
			右—左	4	160	—	—	—	—	—	100	2.5	0.00	0.01
		机—人	左—人	4	120	—	—	—	—	—	20	2.5	0.00	0.01
			右—人	4	160	—	—	—	—	—	20	2.5	0.00	0.01
2—4	相位一	机—机	直—左	2	520	120	0.58	0.17	0.07	0.13	—	—	—	—
		机—非	直—左	4	520	—	—	—	—	—	100	2.5	0.00	0.02
			左—直	2	120	—	—	—	—	—	100	2.5	0.00	0.00
			右—直	2	160	—	—	—	—	—	100	2.5	0.00	0.00
			右—左	4	160	—	—	—	—	—	100	2.5	0.00	0.01
		机—人	左—人	4	120	—	—	—	—	—	20	2.5	0.00	0.01
			右—人	4	160	—	—	—	—	—	20	2.5	0.00	0.01
	相位二	机—机	直—左	2	280	120	0.31	0.17	0.04	0.08	—	—	—	—
				2	240	120	0.27	0.17	0.04	0.07	—	—	—	—
		机—非	直—左	4	280	—	—	—	—	—	100	2.5	0.00	0.01
				4	240	—	—	—	—	—	100	2.5	0.00	0.01
			左—直	2	120	—	—	—	—	—	100	2.5	0.00	0.00
			右—直	2	160	—	—	—	—	—	100	2.5	0.00	0.00
			右—左	4	160	—	—	—	—	—	100	2.5	0.00	0.01
		机—人	左—人	4	120	—	—	—	—	—	20	2.5	0.00	0.01
			右—人	4	160	—	—	—	—	—	20	2.5	0.00	0.01
2—6	相位一	机—机	直—左	2	520	120	0.58	0.17	0.07	0.13	—	—	—	—
		机—非	直—左	4	520	—	—	—	—	—	100	2.5	0.00	0.02
			左—直	2	120	—	—	—	—	—	100	2.5	0.00	0.00
			右—直	2	160	—	—	—	—	—	100	2.5	0.00	0.00
			右—左	4	160	—	—	—	—	—	100	2.5	0.00	0.01
		机—人	左—人	4	120	—	—	—	—	—	20	2.5	0.00	0.01
			右—人	4	160	—	—	—	—	—	20	2.5	0.00	0.01

续表

类型	相位	冲突类型	方向	N	Q_1	Q_2	q_1	q_2	p_1	C_1	Q_3	q_3	p_2	C_2
2—6	相位二	机—机	直—左	2	267	120	0.30	0.17	0.04	0.08	—	—	—	—
				2	147	120	0.16	0.17	0.02	0.05	—	—	—	—
				2	107	120	0.12	0.17	0.02	0.03	—	—	—	—
		机—非	直—左	4	267	—	—	—	—	—	100	2.5	0.00	0.01
				4	147	—	—	—	—	—	100	2.5	0.00	0.01
				4	107	—	—	—	—	—	100	2.5	0.00	0.00
			左—直	2	120	—	—	—	—	—	100	2.5	0.00	0.00
			右—直	2	160	—	—	—	—	—	100	2.5	0.00	0.00
			右—左	4	160	—	—	—	—	—	100	2.5	0.00	0.01
		机—人	左—人	4	120	—	—	—	—	—	20	2.5	0.00	0.01
			右—人	4	160	—	—	—	—	—	20	2.5	0.00	0.01
4—4	相位一	机—机	直—左	2	280	120	0.31	0.17	0.04	0.08	—	—	—	—
				2	240	120	0.27	0.17	0.04	0.07	—	—	—	—
		机—非	直—左	4	280	—	—	—	—	—	100	2.5	0.00	0.01
				4	240	—	—	—	—	—	100	2.5	0.00	0.01
			左—直	2	120	—	—	—	—	—	100	2.5	0.00	0.00
			右—直	2	160	—	—	—	—	—	100	2.5	0.00	0.00
			右—左	4	160	—	—	—	—	—	100	2.5	0.00	0.01
		机—人	左—人	4	120	—	—	—	—	—	20	2.5	0.00	0.01
			右—人	4	160	—	—	—	—	—	20	2.5	0.00	0.01
	相位二	机—机	直—左	2	280	120	0.31	0.17	0.04	0.08	—	—	—	—
				2	240	120	0.27	0.17	0.04	0.07	—	—	—	—
		机—非	直—左	4	280	—	—	—	—	—	100	2.5	0.00	0.01
				4	240	—	—	—	—	—	100	2.5	0.00	0.01
			左—直	2	120	—	—	—	—	—	100	2.5	0.00	0.00
			右—直	2	160	—	—	—	—	—	100	2.5	0.00	0.00
			右—左	4	160	—	—	—	—	—	100	2.5	0.00	0.01
		机—人	左—人	4	120	—	—	—	—	—	20	2.5	0.00	0.01
			右—人	4	160	—	—	—	—	—	20	2.5	0.00	0.01
4—6	相位一	机—机	直—左	2	280	120	0.31	0.17	0.04	0.08	—	—	—	—
				2	240	120	0.27	0.17	0.04	0.07	—	—	—	—
		机—非	直—左	4	280	—	—	—	—	—	100	2.5	0.00	0.01
				4	240	—	—	—	—	—	100	2.5	0.00	0.01
			左—直	2	120	—	—	—	—	—	100	2.5	0.00	0.00
			右—直	2	160	—	—	—	—	—	100	2.5	0.00	0.00
			右—左	4	160	—	—	—	—	—	100	2.5	0.00	0.01
		机—人	左—人	4	120	—	—	—	—	—	20	2.5	0.00	0.01
			右—人	4	160	—	—	—	—	—	20	2.5	0.00	0.01

续表

类型	相位	冲突类型	方向	N	Q_1	Q_2	q_1	q_2	p_1	C_1	Q_3	q_3	p_2	C_2
4—6	相位二	机—机	直—左	2	267	120	0.30	0.17	0.04	0.08	—	—	—	—
				2	147	120	0.16	0.17	0.02	0.05	—	—	—	—
				2	107	120	0.12	0.17	0.02	0.03	—	—	—	—
		机—非	直—左	4	267	—	—	—	—	—	100	2.5	0.00	0.01
				4	147	—	—	—	—	—	100	2.5	0.00	0.01
				4	107	—	—	—	—	—	100	2.5	0.00	0.00
			左—直	2	120	—	—	—	—	—	100	2.5	0.00	0.00
			右—直	2	160	—	—	—	—	—	100	2.5	0.00	0.00
			右—左	4	160	—	—	—	—	—	100	2.5	0.00	0.01
		机—人	左—人	4	120	—	—	—	—	—	20	2.5	0.00	0.01
			右—人	4	160	—	—	—	—	—	20	2.5	0.00	0.01
6—6	相位一	机—机	直—左	2	267	120	0.30	0.17	0.04	0.08	—	—	—	—
				2	147	120	0.16	0.17	0.02	0.05	—	—	—	—
				2	107	120	0.12	0.17	0.02	0.03	—	—	—	—
		机—非	直—左	4	267	—	—	—	—	—	100	2.5	0.00	0.01
				4	147	—	—	—	—	—	100	2.5	0.00	0.01
				4	107	—	—	—	—	—	100	2.5	0.00	0.00
			左—直	2	120	—	—	—	—	—	100	2.5	0.00	0.00
			右—直	2	160	—	—	—	—	—	100	2.5	0.00	0.00
			右—左	4	160	—	—	—	—	—	100	2.5	0.00	0.01
		机—人	左—人	4	120	—	—	—	—	—	20	2.5	0.00	0.01
			右—人	4	160	—	—	—	—	—	20	2.5	0.00	0.01
	相位二	机—机	直—左	2	267	120	0.30	0.17	0.04	0.08	—	—	—	—
				2	147	120	0.16	0.17	0.02	0.05	—	—	—	—
				2	107	120	0.12	0.17	0.02	0.03	—	—	—	—
		机—非	直—左	4	267	—	—	—	—	—	100	2.5	0.00	0.01
				4	147	—	—	—	—	—	100	2.5	0.00	0.01
				4	107	—	—	—	—	—	100	2.5	0.00	0.00
			左—直	2	120	—	—	—	—	—	100	2.5	0.00	0.00
			右—直	2	160	—	—	—	—	—	100	2.5	0.00	0.00
			右—左	4	160	—	—	—	—	—	100	2.5	0.00	0.01
		机—人	左—人	4	120	—	—	—	—	—	20	2.5	0.00	0.01
			右—人	4	160	—	—	—	—	—	20	2.5	0.00	0.01

交通需求 $Q=800\text{veh/h}$ 条件下三相位交叉口复杂度计算表格　　附表 2-3

类型	相位	冲突类型	方向	N	Q_1	Q_2	q_1	q_2	p_1	C_1	Q_3	q_3	p_2	C_2
2—4	相位一	机—机	直—左	2	520	120	0.58	0.17	0.07	0.13	—	—	—	—
		机—非	直—左	4	520	—	—	—	—	—	100	2.5	0.005	0.019
			左—直	2	120	—	—	—	—	—	100	2.5	0.001	0.002
			右—直	2	160	—	—	—	—	—	100	2.5	0.001	0.003
			右—左	4	160	—	—	—	—	—	100	2.5	0.001	0.006
		机—人	左—人	4	120	—	—	—	—	—	20	2.5	0.002	0.006
			右—人	4	160	—	—	—	—	—	20	2.5	0.002	0.008
	相位二	机—非	右—直	2	160	—	—	—	—	—	100	2.5	0.001	0.003
		机—人	右—人	4	160	—	—	—	—	—	20	2.5	0.002	0.008
2—6	相位一	机—机	直—左	2	520	120	0.58	0.17	0.07	0.13	—	—	—	—
		机—非	直—左	4	520	—	—	—	—	—	100	2.5	0.005	0.019
			左—直	2	120	—	—	—	—	—	100	2.5	0.001	0.002
			右—直	2	160	—	—	—	—	—	100	2.5	0.001	0.003
			右—左	4	160	—	—	—	—	—	100	2.5	0.001	0.006
		机—人	左—人	4	120	—	—	—	—	—	20	2.5	0.002	0.006
			右—人	4	160	—	—	—	—	—	20	2.5	0.002	0.008
	相位二	机—非	右—直	2	160	—	—	—	—	—	100	2.5	0.001	0.003
		机—人	右—人	4	160	—	—	—	—	—	20	2.5	0.002	0.008
4—4	相位一	机—机	直—左	2	280	120	0.31	0.17	0.04	0.08	—	—	—	—
				2	240	120	0.27	0.17	0.04	0.07	—	—	—	—
		机—非	直—左	4	280	—	—	—	—	—	100	2.5	0.003	0.010
				4	240	—	—	—	—	—	100	2.5	0.002	0.009
			左—直	2	120	—	—	—	—	—	100	2.5	0.001	0.002
			右—直	2	160	—	—	—	—	—	100	2.5	0.001	0.003
			右—左	4	160	—	—	—	—	—	100	2.5	0.001	0.006
		机—人	左—人	4	120	—	—	—	—	—	20	2.5	0.002	0.006
			右—人	4	160	—	—	—	—	—	20	2.5	0.002	0.008
	相位二	机—非	右—直	2	160	—	—	—	—	—	100	2.5	0.001	0.003
		机—人	右—人	4	160	—	—	—	—	—	20	2.5	0.002	0.008
4—6	相位一	机—机	直—左	2	280	120	0.31	0.17	0.04	0.08	—	—	—	—
				2	240	120	0.27	0.17	0.04	0.07	—	—	—	—
		机—非	直—左	4	280	—	—	—	—	—	100	2.5	0.003	0.010
				4	240	—	—	—	—	—	100	2.5	0.002	0.009
			左—直	2	120	—	—	—	—	—	100	2.5	0.001	0.002
			右—直	2	160	—	—	—	—	—	100	2.5	0.001	0.003
			右—左	4	160	—	—	—	—	—	100	2.5	0.001	0.006
		机—人	左—人	4	120	—	—	—	—	—	20	2.5	0.002	0.006

续表

类型	相位	冲突类型	方向	N	Q_1	Q_2	q_1	q_2	p_1	C_1	Q_3	q_3	p_2	C_2
4—6	相位一	机—人	右—人	4	160	—	—	—	—	—	20	2.5	0.002	0.008
	相位二	机—非	右—直	2	160	—	—	—	—	—	100	2.5	0.001	0.003
		机—人	右—人	4	160	—	—	—	—	—	20	2.5	0.002	0.008
6—6	相位一	机—机	直—左	2	267	120	0.30	0.17	0.04	0.08	—	—	—	—
				2	147	120	0.16	0.17	0.02	0.05	—	—	—	—
				2	107	120	0.12	0.17	0.02	0.03	—	—	—	—
		机—非	直—左	4	267	—	—	—	—	—	100	2.5	0.002	0.010
				4	147	—	—	—	—	—	100	2.5	0.001	0.005
				4	107	—	—	—	—	—	100	2.5	0.001	0.004
			左—直	2	120	—	—	—	—	—	100	2.5	0.001	0.002
			右—直	2	160	—	—	—	—	—	100	2.5	0.001	0.003
			右—左	4	160	—	—	—	—	—	100	2.5	0.001	0.006
		机—人	左—人	4	120	—	—	—	—	—	20	2.5	0.002	0.006
			右—人	4	160	—	—	—	—	—	20	2.5	0.002	0.008
	相位二	机—非	右—直	2	160	—	—	—	—	—	100	2.5	0.001	0.003
		机—人	右—人	4	160	—	—	—	—	—	20	2.5	0.002	0.008

注：第三相位单独放行双向左转车流，故不存在冲突。

交通需求 $Q=800$veh/h 条件下四相位交叉口复杂度计算表格　　　　附表 2-4

类型	相位	冲突类型	方向	N	Q_1	Q_3	q_3	p_2	C_2
4—4	相位一	机—非	右—直	2	160	100	2.5	0.001	0.003
		机—人	右—人	4	160	20	2.5	0.002	0.008
	相位三	机—非	右—直	2	160	100	2.5	0.001	0.003
		机—人	右—人	4	160	20	2.5	0.002	0.008
4—6	相位一	机—非	右—直	2	160	100	2.5	0.001	0.003
		机—人	右—人	4	160	20	2.5	0.002	0.008
	相位三	机—非	右—直	2	160	100	2.5	0.001	0.003
		机—人	右—人	4	160	20	2.5	0.002	0.008
6—6	相位一	机—非	右—直	2	160	100	2.5	0.001	0.003
		机—人	右—人	4	160	20	2.5	0.002	0.008
	相位三	机—非	右—直	2	160	100	2.5	0.001	0.003
		机—人	右—人	4	160	20	2.5	0.002	0.008

注：第二、四相位单独放行双向左转车流，故不存在冲突。

附录3 交叉口通行效率计算表格

D 为交通需求，单位为 veh/h；Q 为分析车流流量，单位为 veh/h；Q_1、Q_2、Q_3 分别为与之冲突车流的流量，单位为 veh/h；G 为绿灯时长，单位为 s；N 为冲突区分析车流数量，单位为 veh；q 为分析车流平均到达率，单位为 veh/h；q_1、q_2、q_3 分别为与之冲突车流的平均到达率，单位为 veh/h；P_1、P_2、P_3 分别为冲突概率；I 为发生冲突时平均冲突强度；E 为分析车流通行效率，单位为 veh·km/h。

4—4 型交叉口无控制方式下通行效率计算表格　　附表 3-1

方向	D	Q	Q_1	Q_2	Q_3	G	N	q	q_1	q_2	q_3	P_1	P_2	P_3	I	E
直行	200	60	70	60	30	120	2.00	0.07	0.08	0.07	0.04	0.005	0.004	0.003	0.67	99.38
	200	70	70	60	30	120	2.33	0.08	0.08	0.07	0.04	0.006	0.005	0.003	0.67	114.64
左转	200	30	70	60	30	120	1.00	0.03	0.08	0.07	0.04	0.002	0.002	0.001	0.63	42.55
右转	200	40	0	0	0	120	1.33	0.04	0.00	0.00	0.00	0.000	0.000	0.000	0.00	49.78
直行	400	120	140	120	60	120	4.00	0.13	0.16	0.13	0.08	0.018	0.016	0.010	0.67	180.63
	400	140	140	120	60	120	4.67	0.16	0.16	0.13	0.08	0.021	0.018	0.012	0.67	205.06
左转	400	60	140	120	60	120	2.00	0.07	0.16	0.13	0.08	0.009	0.008	0.005	0.63	80.62
右转	400	80	0	0	0	120	2.67	0.09	0.00	0.00	0.00	0.000	0.000	0.000	0.00	92.44
直行	600	180	210	180	90	120	6.00	0.20	0.23	0.20	0.13	0.038	0.033	0.021	0.67	241.04
	600	210	210	180	90	120	7.00	0.23	0.23	0.20	0.13	0.043	0.038	0.024	0.67	268.53
左转	600	90	210	180	90	120	3.00	0.10	0.23	0.20	0.13	0.020	0.017	0.011	0.63	113.71
右转	600	120	0	0	0	120	4.00	0.13	0.00	0.00	0.00	0.000	0.000	0.000	0.00	128.00
直行	800	240	280	240	120	120	8.00	0.27	0.31	0.27	0.17	0.063	0.055	0.036	0.67	281.71
	800	280	280	240	120	120	9.33	0.31	0.31	0.27	0.17	0.071	0.063	0.041	0.67	307.42
左转	800	120	280	240	120	120	4.00	0.13	0.31	0.27	0.17	0.033	0.029	0.019	0.63	141.63
右转	800	160	0	0	0	120	5.33	0.18	0.00	0.00	0.00	0.000	0.000	0.000	0.00	156.44

4—4 型交叉口两相位控制方式下通行效率计算表格　　附表 3-2

相位	方向	D	Q	Q_1	Q_2	G	N	q	q_1	q_2	P_1	P_2	I	E
相位一	直行	200	70	30	0	60	1.17	0.08	0.04	0.00	0.003	0.000	0.67	30.03
		200	60	30	0	60	1.00	0.07	0.04	0.00	0.003	0.000	0.67	25.85
	左转	200	30	70	60	60	0.50	0.04	0.08	0.08	0.003	0.003	0.63	10.86
	右转	200	40	0	0	60	0.67	0.04	0.00	0.00	0.000	0.000	0.00	12.89
相位二	直行	200	70	30	0	60	1.17	0.08	0.04	0.00	0.003	0.000	0.67	30.03
		200	60	30	0	60	1.00	0.07	0.04	0.00	0.003	0.000	0.67	25.85
	左转	200	30	70	60	60	0.50	0.04	0.08	0.08	0.003	0.003	0.63	10.86
	右转	200	40	0	0	60	0.67	0.04	0.00	0.00	0.000	0.000	0.00	12.89

续表

相位	方向	D	Q	Q_1	Q_2	G	N	q	q_1	q_2	P_1	P_2	I	E
相位一	直行	400	140	60	0	60	2.33	0.16	0.08	0.00	0.012	0.000	0.67	57.91
		400	120	60	0	60	2.00	0.13	0.08	0.00	0.010	0.000	0.67	50.13
	左转	400	60	140	120	60	1.00	0.08	0.16	0.17	0.012	0.012	0.63	21.04
	右转	400	80	0	0	60	1.33	0.09	0.00	0.00	0.000	0.000	0.00	24.89
相位二	直行	400	140	60	0	60	2.33	0.16	0.08	0.00	0.012	0.000	0.67	57.91
		400	120	60	0	60	2.00	0.13	0.08	0.00	0.010	0.000	0.67	50.13
	左转	400	60	140	120	60	1.00	0.08	0.16	0.17	0.012	0.012	0.63	21.04
	右转	400	80	0	0	60	1.33	0.09	0.00	0.00	0.000	0.000	0.00	24.89
相位一	直行	600	210	90	0	60	3.50	0.23	0.13	0.00	0.024	0.000	0.67	83.44
		600	180	90	0	60	3.00	0.20	0.13	0.00	0.021	0.000	0.67	72.66
	左转	600	90	210	180	60	1.50	0.13	0.23	0.25	0.024	0.026	0.63	30.38
	右转	600	120	0	0	60	2.00	0.13	0.00	0.00	0.000	0.000	0.00	36.00
相位二	直行	600	210	90	0	60	3.50	0.23	0.13	0.00	0.024	0.000	0.67	83.44
		600	180	90	0	60	3.00	0.20	0.13	0.00	0.021	0.000	0.67	72.66
	左转	600	90	210	180	60	1.50	0.13	0.23	0.25	0.024	0.026	0.63	30.38
	右转	600	120	0	0	60	2.00	0.13	0.00	0.00	0.000	0.000	0.00	36.00
相位一	直行	800	280	120	0	60	4.67	0.31	0.17	0.00	0.041	0.000	0.67	106.51
		800	240	120	0	60	4.00	0.27	0.17	0.00	0.036	0.000	0.67	93.34
	左转	800	120	280	240	60	2.00	0.17	0.31	0.33	0.041	0.044	0.63	38.81
	右转	800	160	0	0	60	2.67	0.18	0.00	0.00	0.000	0.000	0.00	46.22
相位二	直行	800	280	120	0	60	4.67	0.31	0.17	0.00	0.041	0.000	0.67	106.51
		800	240	120	0	60	4.00	0.27	0.17	0.00	0.036	0.000	0.67	93.34
	左转	800	120	280	240	60	2.00	0.17	0.31	0.33	0.041	0.044	0.63	38.81
	右转	800	160	0	0	60	2.67	0.18	0.00	0.00	0.000	0.000	0.00	46.22

4-4 型交叉口三相位控制方式下通行效率计算表格　　　　附表 3-3

相位	方向	D	Q	Q_1	Q_2	G	N	q	q_1	q_2	P_1	P_2	I	E
相位一	直行	200	70	30	0	60	1.17	0.08	0.04	0.00	0.003	0.000	0.67	30.03
		200	60	30	0	60	1.00	0.07	0.04	0.00	0.003	0.000	0.67	25.85
	左转	200	30	70	60	60	0.50	0.04	0.08	0.08	0.003	0.003	0.63	10.86
	右转	200	40	0	0	60	0.67	0.04	0.00	0.00	0.000	0.000	0.00	12.89
相位二	直行	200	70	0	0	40	0.78	0.00	0.00	0.00	0.000	0.000	0.00	20.26
		200	60	0	0	40	0.67	0.00	0.00	0.00	0.000	0.000	0.00	17.42
	右转	200	40	0	0	40	0.44	0.00	0.00	0.00	0.000	0.000	0.00	8.69
相位三	左转	200	30	0	0	20	0.17	0.00	0.00	0.00	0.000	0.000	0.00	3.69
相位一	直行	400	140	60	0	60	2.33	0.16	0.08	0.00	0.012	0.000	0.67	57.91
		400	120	60	0	60	2.00	0.13	0.08	0.00	0.010	0.000	0.67	50.13
	左转	400	60	140	120	60	1.00	0.08	0.16	0.17	0.012	0.012	0.63	21.04
	右转	400	80	0	0	60	1.33	0.09	0.00	0.00	0.000	0.000	0.00	24.89

续表

相位	方向	D	Q	Q_1	Q_2	G	N	q	q_1	q_2	P_1	P_2	I	E
相位二	直行	400	140	0	0	40	1.56	0.00	0.00	0.00	0.000	0.000	0.00	39.71
		400	120	0	0	40	1.33	0.00	0.00	0.00	0.000	0.000	0.00	34.24
	右转	400	80	0	0	40	0.89	0.00	0.00	0.00	0.000	0.000	0.00	16.99
相位三	左转	400	60	0	0	20	0.33	0.00	0.00	0.00	0.000	0.000	0.00	7.32
相位一	直行	600	210	90	0	60	3.50	0.23	0.13	0.00	0.024	0.000	0.67	83.44
		600	180	90	0	60	3.00	0.20	0.13	0.00	0.021	0.000	0.67	72.66
	左转	600	90	210	180	60	1.50	0.13	0.23	0.25	0.024	0.026	0.63	30.38
	右转	600	120	0	0	60	2.00	0.13	0.00	0.00	0.000	0.000	0.00	36.00
相位二	直行	600	210	0	0	40	2.33	0.00	0.00	0.00	0.000	0.000	0.00	58.36
		600	180	0	0	40	2.00	0.00	0.00	0.00	0.000	0.000	0.00	50.46
	右转	600	120	0	0	40	1.33	0.00	0.00	0.00	0.000	0.000	0.00	24.89
相位三	左转	600	90	0	0	20	0.50	0.00	0.00	0.00	0.000	0.000	0.00	10.90
相位一	直行	800	280	120	0	60	4.67	0.31	0.17	0.00	0.041	0.000	0.67	106.51
		800	240	120	0	60	4.00	0.27	0.17	0.00	0.036	0.000	0.67	93.34
	左转	800	120	280	240	60	2.00	0.17	0.31	0.33	0.041	0.044	0.63	38.81
	右转	800	160	0	0	60	2.67	0.18	0.00	0.00	0.000	0.000	0.00	46.22
相位二	直行	800	280	0	0	40	3.11	0.00	0.00	0.00	0.000	0.000	0.00	76.19
		800	240	0	0	40	2.67	0.00	0.00	0.00	0.000	0.000	0.00	66.10
	右转	800	160	0	0	40	1.78	0.00	0.00	0.00	0.000	0.000	0.00	32.40
相位三	左转	800	120	0	0	20	0.67	0.00	0.00	0.00	0.000	0.000	0.00	14.44

4-4 型交叉口四相位控制方式下通行效率计算表格 附表 3-4

相位	方向	D	Q	G	N	E
相位一	直行	200	70	40	0.78	20.26
		200	60	40	0.67	17.42
	右转	200	40	40	0.44	8.69
相位二	左转	200	30	20	0.17	3.69
相位三	直行	200	70	40	0.78	20.26
		200	60	40	0.67	17.42
	右转	200	40	40	0.44	8.69
相位四	左转	200	30	20	0.17	3.69
相位一	直行	400	140	40	1.56	39.71
		400	120	40	1.33	34.24
	右转	400	80	40	0.89	16.99
相位二	左转	400	60	20	0.33	7.32
相位三	直行	400	140	40	1.56	39.71
		400	120	40	1.33	34.24
	右转	400	80	40	0.89	16.99

续表

相位	方向	D	Q	G	N	E
相位四	左转	400	60	20	0.33	7.32
相位一	直行	600	210	40	2.33	58.36
		600	180	40	2.00	50.46
	右转	600	120	40	1.33	24.89
相位二	左转	600	90	20	0.50	10.90
相位三	直行	600	210	40	2.33	58.36
		600	180	40	2.00	50.46
	右转	600	120	40	1.33	24.89
相位四	左转	600	90	20	0.50	10.90
相位一	直行	800	280	40	3.11	76.19
		800	240	40	2.67	66.10
	右转	800	160	40	1.78	32.40
相位二	左转	800	120	20	0.67	14.44
相位三	直行	800	280	40	3.11	76.19
		800	240	40	2.67	66.10
	右转	800	160	40	1.78	32.40
相位四	左转	800	120	20	0.67	14.44

参考文献

[1] 赵舒. 基于复杂性测度的油水两相流流型表征[D]. 天津：天津大学，2005.

[2] 于海生. SCM 环境下 SCP 系统的复杂性研究[D]. 南京：东南大学，2004.

[3] 霍绍周. 系统论[M]. 北京：科学技术文献出版社，1988.

[4] 童天湘，林夏水. 新自然观[M]. 北京：中共中央党校出版社，1998.

[5] 中国科学院《复杂性研究》编委会. 复杂性研究[M]. 北京：科学出版社，1998.

[6] 费舍里松. 城市交通[M]. 北京：中国建筑工业出版社，1984.

[7] 王炜，徐吉谦，杨涛，等. 城市交通规划理论及其应用[M]. 南京：东南大学出版社，1998.

[8] 刘飞. 城市道路平面交叉口复杂度计量模型研究[D]. 南京：东南大学，2008.

[9] Hossain M. Estimation of saturation flow at signalized intersections of developing cities: A micro-simulation modeling approach [J]. Transportation Research Part A, 2001, 35: 129-147.

[10] Winai Raksuntorn. A study to examine bicyclist behavior and to develop a microsimulation for mixed traffic at signalized intersections [D]. Doctor of philosophy of university of Colorado, 2002.

[11] Dean Brantley Taylor. Contributions to bicycle-automobile mixed-traffic science: behavioral models and engineering applications [D]. Doctor of philosophy of university of Texas, 1998.

[12] Mohammed M Hamed. Analysis of pedestrians' behavior at pedestrian crossings [J]. Safety Science, 2001, 38: 63-82.

[13] 曲昭伟，周立军，王殿海. 城市信号交叉口自行车及行人到达与释放规律[J]. 公路交通科技，2004，21（8）：91-94.

[14] Wu Jianping, Huang Ling, Zhao Jianli. The behavior of cyclists and pedestrians at signalized intersections in Beijing [J]. Journal of Transportation System Engineering and Information Technology, 2004, 4 (2): 106-114.

[15] 徐良杰，王炜，俞斌. 信号交叉口非机动车及行人交通控制研究[J]. 交通运输工程与信息学报，2004，2（2）：102-108.

[16] 彭丽英. 信号控制交叉口行人交通特性的研究[D]. 长春：吉林大学，2006.

[17] 赵建丽. 混合交通流条件下信号交叉口行人交通研究[D]. 北京：北京交通大学，2004.

[18] 孙世君. 信号交叉口行人违章行为心理研究[D]. 北京：北京交通大学，2007.

[19] 孙世君，王驰，张颖. 城市道路交叉口行人违章行为心理研究[J]. 城市交通，2007，15（4）：91-94.

[20] 裴玉龙，冯树民. 城市行人过街速度研究[J]. 公路交通科技，2006，23（9）：104-107.

[21] 徐良杰. 考虑右转机动车影响下的信号交叉口行人过街时间模型[J]. 数学的实践与认识，2008，38（9）：39-46.

[22] 徐良杰，王炜. 信号交叉口行人过街时间模型[J]. 交通运输工程学报，2005，5（1）：111-115.

[23] Yang Jianguo, Li Qingfeng, Wang Zhaoan, et al. Estimating pedestrian delays at signalized intersections in developing cities by Monte Carlo method [J]. Mathematics and Computers in

Simulation, 2005, 68: 329-337.

[24] 李庆丰, 王兆安, 杨建国. 信号交叉口不同走向行人延误的比较[J]. 公路交通科技, 2005, 22 (12): 127-134.

[25] Li Qingfeng, Wang Zhaoan, Yang Jianguo, et al. Pedestrian delay estimation at signalized intersections in developing cities [J]. Transportation Research Part A, 2005, 39: 61-73.

[26] 冯树民, 裴玉龙. 行人过街延误研究[J]. 哈尔滨工业大学学报, 2007, 39 (4): 613-616.

[27] 戴彤宇, 杜仁兵, 裴玉龙. 城市道路平面交叉口行人过街延误仿真[J]. 交通与计算机, 2008, 26 (4): 75-77.

[28] Dean Taylor, Hani Mahmassani. Bicyclist and motorist gap acceptance behavior in mixed-traffic [C]. Washington, D. C.: Transportation Research Board 78th Annual Meeting, 1999.

[29] 孙智勇. 信号交叉口人行横道的行人交通特性研究[D]. 北京: 北京工业大学, 2004.

[30] 孙智勇, 荣建, 何民, 苏永强. 信号交叉口人行横道处的行人可接受间隙研究[J]. 公路交通科技, 2004, 21 (11): 102-104.

[31] 黄玲. 信号交叉口自行车微观行为研究[D]. 北京: 北京交通大学, 2004.

[32] 王小华. 平面信号交叉口机动车穿越行人决策建模研究[D]. 北京: 北京交通大学, 2008.

[33] 王屾. 平面交叉口自行车微观穿越模型及仿真研究[D]. 北京: 北京交通大学, 2008.

[34] 董陈继. 平面信号交叉口自行车微观行为[D]. 成都: 西南交通大学, 2007.

[35] 黄迪. 平面交叉口混合交通流机非干扰微观行为模型研究[D]. 北京: 北京交通大学, 2006.

[36] 黄玲. 混合交通流无信号交叉口自行车微观行为研究[D]. 北京: 北京交通大学, 2007

[37] 李志鹏. 混合交通流下信号交叉口机动车微观行为研究[D]. 北京: 北京交通大学, 2004.

[38] 赵春龙. 平面交叉口混合交通流自行车穿越机动车微观行为模型研究[D]. 北京: 北京交通大学, 2006.

[39] 周博. 基于模糊数学的自行车无信号交叉口微观行为研究[D]. 北京: 北京交通大学, 2008.

[40] 徐良杰, 王炜. 信号交叉口左转非机动车影响分析[J]. 中国公路学报, 2006, 19 (1): 89-92.

[41] 徐良杰, 王炜. 左转自行车对直行机动车通行的影响分析模型[J]. 东南大学学报（自然科学版）, 2005, 35 (5): 805-809.

[42] 魏恒, 任福田. 非机动车因素对交叉口机动车运行的影响[J]. 北京工业大学学报, 1993, 19 (3): 74-79.

[43] 张志远. 交叉口非机动车交通流特征分析[J]. 中原工学院学报, 2006, 17 (6): 66-68.

[44] Wang Dianhai, Liang Chunyan, Jing Chunguang, et al. Bicycle conversion factor calibration at two-phase intersections in mixed traffic flows [J]. Tsinghua Science and Technology, 2007, 12 (3): 318-323.

[45] 陈晓明, 邵春福, 姚智胜. 典型信号交叉口左转非机动车二次过街研究[J]. 土木工程学报, 2008, 41 (7): 76-81.

[46] 倪颖, 李克平. 信号交叉口行人与右转机动车冲突的处理[J]. 交通与计算机, 2007, 25 (1): 22-26.

[47] Chen Zhenqi, Chen Shaokuan, Lin Lin, et al. Design and simulation of signal phase for pedestrians' twice crossing at large signalized inter-

[47] ...sections [J]. Journal of Transportation Systems Engineering and Information Technilogy, 2007, 7 (4): 57-65.

[48] 陈振起, 陈绍宽, 林琳, 等. 交叉口行人二次过街信号相位设计与仿真研究 [J]. 交通运输系统工程与信息, 2007, 7 (4): 57-64.

[49] 杨晓光, 马万经, 林瑜. 两相位信号控制交叉口行人专用相位设置条件研究 [J]. 公路交通科技, 2005, 22 (1): 127-131.

[50] 马万经, 林瑜, 杨晓光. 多相位信号控制交叉口行人相位设置方法 [J]. 交通运输工程学报, 2004, 4 (2): 103-106.

[51] 景春光. 平面交叉口机非冲突机理及其应用研究 [D]. 长春: 吉林大学, 2005.

[52] 刘小明, 段海林. 平面交叉口交通冲突技术标准化研究 [J]. 公路交通科技, 1997, 9: 29-34.

[53] Hoong-Chor Chin, Ser-Tong Quek. Measurement of traffic conflicts [J]. Safety Science, 1997, 26 (3): 169-185.

[54] 成卫. 城市道路交通安全理论模型及方法 [M]. 昆明: 云南科技出版社, 2003.

[55] 成卫. 城市道路交通事故与交通冲突技术理论模型及方法研究 [D]. 长春: 吉林大学, 2004.

[56] 郑安文. 公路交通冲突及影响交通冲突危险性因素分析 [J]. 武汉科技大学学报, 2002, 12: 367-369.

[57] 卢川, 项乔君, 张国强, 等. 公路平交口交通冲突严重性的判定 [J]. 合肥工业大学学报 (自然科学版), 2008, 31 (5): 683-686.

[58] W. D. GLAUZ. K. M. BAUER, and D. J. MIGCETZ. Expected Traffic Conflict Rates and Their Use in Predicting Accidents [J]. Transportation Research Record, No1026, 1985: 1-12.

[59] G. Tiwari, D. Mohan, J. Fazio. Confllict analysis for prediction of fatal crash locations in mixed traffic streams [J]. Accident Analysis and Prevention, 1998, 30 (2): 207-215.

[60] 张苏. 中国交通冲突技术 [M]. 成都: 西南交通大学出版社, 1998.

[61] 方青, 吴中. 基于灰色控制系统的交叉口交通冲突预测 [J]. 交通标准化, 2008, 6: 174-177.

[62] 成卫, 王贵勇. 基于自适应神经网络模糊推理系统的交叉口交通冲突数预测 [J]. 公路交通科技, 2005, 22 (7): 115-117.

[63] 张利军. 基于 BP 神经网络的道路交通事故预测 [J]. 邵阳高等专科学校学报, 2001, 14 (1): 12-14.

[64] Brian L Allen, B Tom Shin, Peter J Cooper. Analysis of traffic conflict and collisions [J]. Transportation Research Record, 1978, 15 (B): 105-111.

[65] Utpal Dutta. Ramakrishna R. Tadi Edward. Safety potential of smart traffic control system [J]. Application of Advanced Technologies in Transportation, 1994, 35 (3): 317-321.

[66] Mohammed T Mallah. Development of a conflict rate prediction model at unsignalized intersections [D]. Doctor of philosophy of university of South Florida, 2003.

[67] 刘小明, 段海林. 平面交叉口交通冲突概率分布模型及安全评价标准研究 [J]. 交通工程, 1997, 1: 32-37.

[68] 张学亮, 邓卫, 郭唐仪. 基于冲突率的交叉口交通安全评价方法研究 [J]. 交通运输工程与信息学报, 2007, 5 (1): 84-89.

[69] 周家祥, 许鹏, 柴干. 基于交通冲突的交叉口安全模糊综合评价 [J]. 交通与计算机, 2008, 26

（2）：123-126.

[70] 李杰, 陈学武, 王炜. 交通冲突严重度模糊评价方法 [J]. 交通运输系统工程与信息, 2008, 8 (2)：91-95.

[71] 成卫, 丁同强, 李江. 道路交叉口交通冲突灰色评价研究 [J]. 公路交通科技, 2004, 21 (6)：80-97.

[72] 成卫, 王贵勇. 基于交通冲突技术的交叉口安全状况灰色聚类评价研究 [J]. 昆明理工大学学报（理工版）, 2005, 30 (3)：106-110.

[73] 朱彤, 白玉, 杨晓光, 等. 平面交叉口交通冲突安全评价失效分析及改进方法研究 [J]. 中国安全科学学报, 2008, 18 (2)：157-161.

[74] T P Hutchonson. Inter-observer agreement about traffic conflicts [J]. A Fourth Opinion Traffic Engineering and Control, 1988, 4 (3)：601-644.

[75] Ezra Hauer, PerGarder. Research into the validity of the traffic conflict technique [J]. Accident Analysis and Prevention, 1986, 18 (6)：471-481.

[76] 毛敏, 喻翔. 道路交通事故致因分析 [J]. 公路交通科技, 2002, 19 (5)：125-127.

[77] Charles V Zegeer, Robert C. Deen. Traffic conflict and diagnostic tool in highway safety [J]. Transportation Research Record, 1978, 667：68-77.

[78] 邹华冰, 徐建闽. 交通冲突技术在桂林市交叉口安全评价中的应用 [J]. 西部交通科技, 2008, 01：20-22.

[79] 叶凡, 陆键, 丁纪平, 等. 交通冲突技术在ETC安全评价中的应用研究 [J]. 公路交通科技, 2004, 12 (21)：107-111.

[80] 付锐, 魏朗, 骆勇, 等. 郑州黄河公路大桥交通安全冲突技术的研究 [J]. 中国公路学报, 2000, 13 (3)：86-88.

[81] 赵文秀. 用交通冲突技术评价京珠南高速公路交通安全 [J]. 公路与汽运, 2007, 1 (1)：43-45.

[82] 裴玉龙, 冯树民. 基于交通冲突的行人过街危险度研究 [J]. 哈尔滨工业大学学报, 2007, 39 (2)：285-297.

[83] 王学明. 基于交通冲突技术的自行车交通安全评价研究 [D]. 北京：北京交通大学, 2005.

[84] Werner Brilon. Traffic flow analysis beyond traditional methods [C]. Fourth international symposium on highway capacity, 2000：26-41.

[85] 王学堂. 城市道路平面交叉口通行能力、控制效率的研究 [J]. 交通标准化, 2007 (11)：139-142.

[86] 冯天军. 混合交通条件下城市道路路段利用效率研究 [D]. 长春：吉林大学, 2007.

[87] 焦朋朋, 陆化普, 王建伟. 基于交通效率的城市道路网络优化 [J]. 清华大学学报（自然科学版）, 2005, 45 (3)：297-300.

[88] 吴世江, 史其信, 陆化普. 基于交通效率的城市公共交通路网布局模型 [J]. 土木工程学报, 2005, 38 (1)：117-120.

[89] 叶彭姚, 陈小鸿. 基于交通效率的城市最佳路网密度研究 [J]. 中国公路学报, 2008, 21 (4)：94-98.

[90] 陆化普, 王建伟, 袁虹. 基于交通效率的大城市合理土地利用形态研究 [J]. 中国公路学报, 2005, 18 (3)：109-113.

[91] 姚祖康, 顾保南. 交通运输工程导论 [M]. 北京：人民交通出版社, 2003.

[92] 俞礼军, 靳文舟. 交通效率的度量方法研究 [J]. 公路, 2006, 10：202-206.

[93] 郑祖武, 李康. 现代城市交通 [M]. 北京：人民交通出版社, 1998.

[94] 徐立群，吴聪，杨兆升. 信号交叉口通行能力计算方法 [J]. 交通运输工程学报，2001，1（1）：82-85.

[95] 蒋大治. 城市道路交叉口通行能力实用分析方法研究与软件开发 [D]. 南京：东南大学，2003.

[96] Ali S, Al-Ghamdi. Analysis of traffic accidents at urban intersection in Riyadh [J]. Accident Analysis and Prevention，2003，35：717-724.

[97] 王炜，项乔君，常玉林，等. 城市交通系统能源消耗与环境影响分析方法 [M]. 北京：科学出版社，2002.

[98] 徐良杰. 单点交叉口信号协调优化控制技术研究 [D]. 南京：东南大学，2005.

[99] 张雨化. 道路勘测设计 [M]. 北京：人民交通出版社，1997.

[100] 徐吉谦，等. 交通工程手册 [M]. 北京：人民交通出版社，1995.

[101] 彭锐. 自行车交通流理论 [D]. 上海：同济大学，1994.

[102] 何存道. 道路交通心理学 [M]. 合肥：安徽省人民出版社，1989.

[103] Forester. J. Bicycle Transportation (1st edition) [M]. Cambridge：MIT Press，1983.

[104] 吴建平，黄玲，赵建丽. 北京市道路信号交叉口自行车和行人的行为研究 [J]. 交通运输系统工程与信息，2004，4（2）：105-114.

[105] Wei H, Feng C. Video-capture-based methodology for extracting multiple vehicle trajectories for microscopic simulation modeling [C]. Washington, D. C.：Transportation Research Board 78th Annual Meeting, 1999.

[106] 何民. 混合交通流微观仿真关键技术研究 [D]. 北京：北京工业大学. 2003.

[107] 吕剑，史其信，孙立光. 混合交通中非机动车密度—速度关系 [J]. 清华大学学报（自然科学版），2007，47（6）：768-771.

[108] 杨佩昆，吴兵. 交通管理与控制（第二版）[M]. 北京：人民交通出版社，2003.

[109] 高海龙，王炜，常玉林，等. 无信号交叉口临界间隙的理论计算模型 [J]. 中国公路学报，2001，14（2）：78-80.

[110] Transportation Research Board. Highway capacity manual 2000 [R]. Washington, D. C.：National Research Council，2000.

[111] Werner Brilon, Ralph Koeniga, Rod J Troutbeck. Useful estimation procedures for critical gaps [J]. Transportation Research Part A，1999，33：161-186.

[112] 陈峻. 城市停车设施规划方法研究 [D]. 南京：东南大学，2000.

[113] 邵长桥. 平面信号交叉口延误分析 [D]. 北京：北京工业大学，2002.

[114] Cowan R J. Useful headway models [J]. Transportation Research，1975，9（6）：371.

[115] Akcelik R, Chung E. Calibration of the bunched exponential distribution of arrival headways [J]. Road and Transportation Research，1994，3（1）：42-59.

[116] 王炜，过秀成，等. 交通工程学 [M]. 南京：东南大学出版社，2000.

[117] 高海龙，王炜，等. 中国典型地区无信号交叉口临界间隙调查 [J]. 东南大学学报（自然科学版），2000，30（3）：100-103.

[118] 刘珈铭. 自行车在平面信号交叉口的行为特性研究 [D]. 北京：北京交通大学，2005.

[119] 中华人民共和国住房和城乡建设部. GB/T 51328—2018 城市综合交通体系规划标准 [S]. 北京：中国建筑工业出版社，2018.